英倫大空戰

Battle of Britain: A Summer of Reckoning

艾弗瑞德・普萊斯（Alfred Price）著

張德輝 譯

軍事連線 Military Link

目錄 CONTENTS

序幕
一九四〇年七月十日至八月十二日

「西班牙無敵艦隊驚人、偉大又強壯，但我們會一點一點把他們的羽毛拔光。」——英國艦隊司令，威廉・霍華德爵士（Sir William Howard）

西元一九四〇年七月初，英倫諸島的居民面臨自一五八八年「西班牙無敵艦隊」（Spanish Armada）入侵以來的最大威脅。七個星期之前，阿道夫・希特勒才派出「德國國防軍」（Wehrmacht）發動「閃擊戰」（Blitzkrieg），迅速擊垮荷蘭、比利時與法國軍隊，贏得輝煌的勝利。儘管英國派駐於法國的主力部隊尚未被消滅，卻慘遭重創，不得不趕緊從敦克爾克（Dunkirk）和東邊的海灘進行大規模撤退。

很快地，從挪威北岬（North Cape）到法國西南部畢亞里茲（Biarritz）的整條海岸線，都在德軍的掌握之中。只有英國或大英國協持續奮戰，而且大部分的德國人相信，英國撐不了多久就會俯首稱臣。

六月間與七月初，德國納粹政府數次透過外交手段，邀請倫敦當局展開和談卻遭拒絕。希特勒感到愈來愈不耐煩，他一直在等待僅存的敵人會接受事實，即繼續抵抗下去只是徒勞無功而已。如果英國理智的話，早一點結束對立，他便能理性相向，提出寬大的要求，避免進一步的血腥衝突。不過，新上任的英國首相溫斯頓・邱吉爾絲毫沒有讓步的跡象，希特勒的等待完全落空。

為了向英國政府施壓，希特勒於七月初下令「德國空軍」（Luftwaffe）準備對英國南部的目標發動一連串大規模轟炸。他指示最高司令部：「雖然英軍的狀況已是無可救藥，但跡象顯示他們仍不打算認清事實，所以我決定策畫一場登陸英國的行動，如有必要即刻執行。」

登陸行動〔譯者註：即代號「海獅」（Sealöwe）的作戰計畫〕的準備工作直到八月初才會完成，這段期間德國空軍的任務是：「英國的航空武力，無論士氣或物質方面必須加以弱化，使他們無力打擊跨越英吉利海峽（English Channel）的登陸部隊。」

然而在此階段，希特勒還是認為登陸作戰沒有必要進行。若德國空軍的轟炸機能夠蹂躪英國本土，施予足夠的破壞，他預料英國人會如同先前的對手一樣，重新考慮談和。

七月的時候，德國空軍的戰機開始飛往英吉利海峽上空，發動一連串的小規模突擊。他們的目的是襲擾在該海域上航行的英國商船隊，並迫使「英國皇家空軍」（Royal Air Force）的戰鬥機出動，以便消耗其戰力。英吉利海峽上空的戰火逐步升溫，不久德國空軍亦派戰機到英國南部執行「自由獵巡」任務，伺機獵殺對手。

這段時期的空戰斷斷續續地進行，其中一起典型空戰發生在七月十三日下午。當時，一支英國護航船隊行經多佛海峽（Strait of Dover），德國空軍第1俯衝轟炸機聯隊（Sturzkampfgeschwader I）的容克斯（Junkers）Ju 87型「斯圖卡」（Stuka）〔譯者註：斯圖卡原是德文「俯衝轟炸機」（Sturzkampfflugzeug）的縮寫，後來幾乎成為容克斯Ju 87型的代名詞〕向她們投擲炸彈，卻遭十一架第56中隊的霍克颶風式（Hawker Hurricane）戰鬥機攻擊。第51戰鬥機聯隊第4中隊（4./JG 51）的約瑟夫．弗佐（Josef Fözö）少校指揮一批梅塞希密特（Messerschmitt）Bf 109型戰鬥機，

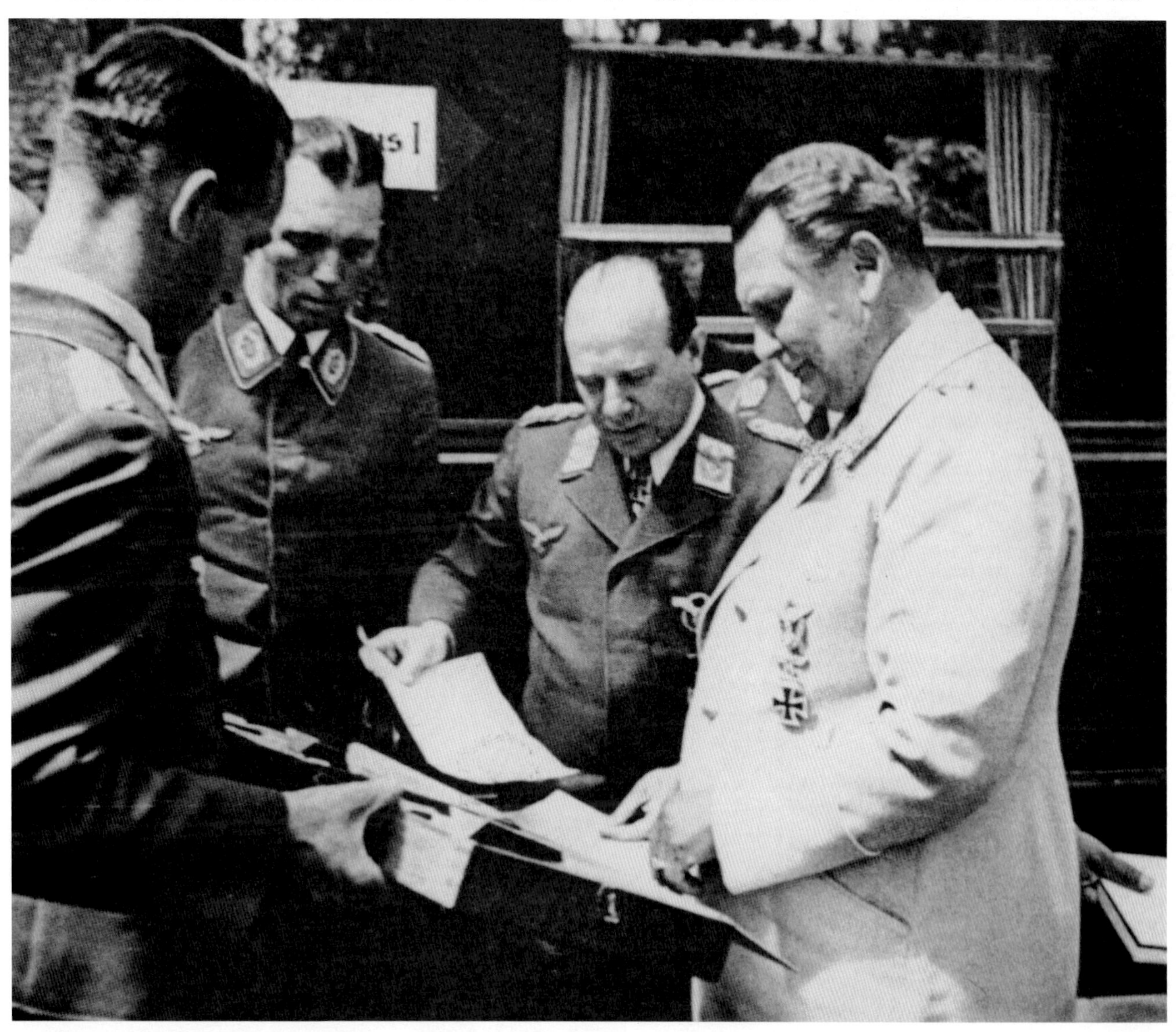

照片右邊身穿白衣的帝國元帥赫曼．戈林（Reichsmarschall Hermann Göring）自德國空軍於1933年成立以來即擔任總司令。戈林在一次大戰期間也是一位成功的空戰王牌，戰爭尾聲的時候指揮著名的「李希霍芬戰鬥機聯隊」（Jagdgeschwader Richthofen）。一次大戰結束後，戈林在納粹黨內擔任領導的角色，到了1940年他的政治聲望已如日中天，甚至被希特勒欽定為接班者。雖然戈林經常被描繪成矮胖的滑稽演員，裝扮也十分講求虛榮，但情況需要之際，他就會相當精明且冷酷無情。站在戈林右手邊的分別為德國空軍裝備總監恩斯特．烏德特（Ernst Udet）和約瑟夫．史密德上校（面對鏡頭者），史密德是德國空軍情報部門的首腦。

空軍將領

休．道丁上將是不列顛之役期間，英國皇家空軍戰鬥機指揮部的總司令。綽號「老古板」（Stuffy）的道丁被英國飛行員形容為冷酷無情的人，不過他畢竟是非常優秀且十分有遠見的改革者，以當今的術語來說，可謂一位「技術官僚」（Technocrat）。道丁的上一個職務是在1930年至1936年間擔任「航空審議會研究暨發展部」（Research and Development on the Air Council）的航空議員（Air Member）。這段時期的航空科技正突飛猛進地發展，航空審議會研究暨發展部所發布的設計規格要求，導致颶風式、噴火式和其他出色戰機的誕生，他們在不列顛之役中是對抗德國空軍的主要利器。道丁還盡力分配資源，促進雷達的研發，並整合新儀器到防空系統內，以掌控戰鬥機的行動。空戰史上，沒有其他空軍將領像道丁一樣，極力發展裝備，也正是這些先進的裝備才能讓英國皇家空軍繼續奮戰下去。

凱斯．帕克少將（Air Vice Marshal Keith Park）指揮英國皇家空軍第11聯隊（No. 11 Group），該單位於1940年夏在英國南部的空戰中首當其衝。帕克為紐西蘭籍，一次大戰期間曾在法國上空操縱戰鬥機作戰，亦是一名虔誠的基督徒，從信仰中獲得奮戰不懈的力量。帕克負責的防區包含整個英國東南部，約略從南安普敦（Southampton）經亞茲伯里（Aylesbury）至羅斯托弗（Lowestoft）。他時常駕著自己的颶風式戰鬥機到各中隊的基地，好第一手掌握戰況的發展，是充滿活力且深受歡迎的領導者。帕克非常有天賦，能讓身邊的人感到他們的觀點受到重視。

德國空軍元帥艾伯特．凱賽林（Generalfeldmarschall Albert Kesselring）在不列顛之役期間是第2航空軍團的指揮官。一次大戰時期，他服役於「德意志帝國陸軍」（Imperial Germany Army），後來晉升為旅部的副官。凱賽林是一位能幹的管理者，當德國空軍在1933年祕密成立之際即轉調到這個單位，成為行政官員。接下來幾年，他的職位步步高升，到了1940年夏就獲得第2航空軍團的指揮權。凱賽林從設在布魯塞爾（Brussels）的總部內指揮荷蘭、比利時和遠至法國塞納河（Seine）的德國空軍單位作戰。雖然他是保守派軍官，個性十分堅決，卻對屬下很客氣，而且深受尊敬。

德國空軍元帥胡果．史培爾勒（Hugo Sperrle）在不列顛之役期間為第3航空軍團的指揮官，掌管塞納河以西的德國空軍單位。一次大戰時期，他服役於「德意志帝國航空隊」（Imperial Flying Service），戰爭結束後則轉調到陸軍。1935年，史培爾勒回到新成立的德國空軍，翌年被派去率領「兀鷹兵團」（Legion Condor），即干涉西班牙內戰的德國空軍分遣隊。史培爾勒的個性和凱賽林完全相反，是一個冷酷又拘泥禮節的人。希特勒曾稱史培爾勒為他麾下「看起來最嚴酷的將領之一」。

漢斯—尤根．史杜夫一級上將（Generaloberst Hans-Jurgen Stumpff）在不列顛之役期間指揮第5航空軍團，該單位的基地設在遙遠的挪威和丹麥。隨著第5航空軍團於8月15日飛抵英國本土卻慘遭重創之後，史杜夫麾下的部隊就不再扮演重要的角色。

霍克颶風式戰鬥機

不列顛之役期間，霍克颶風式與超級馬林噴火式（Supermarine Spitfire）並肩作戰，而且在一九四〇年時是英國皇家空軍數量最多的戰鬥機。颶風式配備給三十六個飛行中隊，他們擊落的敵機比噴火式還多。當時，這款戰鬥機加裝防護裝甲和其他設備，時速仍可達三百二十八哩（五百二十八公里），其標準武裝為八挺白朗寧〇・三〇三吋（七・七公釐）機槍。

颶風式通常是用來對付德國空軍的轟炸機，至於敵方戰鬥機則交由噴火式處理。不過，它的低空機動性能十分出色，機身結構又非常堅固，所以深受飛行員喜愛。在不列顛之役中，英國皇家空軍的空戰王牌大部分都是駕駛颶風式締造輝煌的勝利。

這架尚能夠翱翔的颶風式I型R4118號戰鬥機參與過不列顛之役，於1940年8月17日交給德倫（Drem）的第605「沃立克郡」（County of Warwick）中隊。該機在這場大空戰中出擊四十九次，從克洛伊登（Croydon）起飛作戰，並擊落五架敵機。R4118號機於1940年10月22日受創，經過重新整修後，在1941年1月18日轉交給戴斯（Dyce）的第111中隊。

颶風式I型戰鬥機的駕駛座。這架飛機的編號為P2617號，二次大戰期間相繼由第607與第615中隊操縱，目前則掛著第607中隊的標誌，存放在倫敦漢頓（Hendon）的「英國皇家空軍博物館」（RAF Museum）裡展示。

波頓·保羅挑戰式戰鬥機：砲塔戰鬥機的開發原由

一九三〇年代期間，世界各國的空軍都在爭論：轟炸機編隊的交叉防禦火網是否有效？他們到底能不能擊退由後方來襲的單座戰鬥機？在承平時期，此一問題似乎不太可能獲得明確的答案。

當時，英國皇家空軍的見解是：配備電力驅動砲塔的現代化轟炸機所組成的編隊，應該能夠突破敵方的防禦網，飛抵目標上空而不會蒙受慘重的損失。然而，若轟炸機編隊的交叉防禦火網真的可以擊退戰鬥機的話，那麼英國皇家空軍戰鬥機指揮部該如何因應？如果新型的噴火式與颶風式戰鬥機無法阻撓敵方轟炸機群的侵犯，英國的防空網將形同虛設。

另一方面，在一九三〇年代末期，英國皇家空軍所有的推測都是基於：德國空軍對其領空的威脅會從德國境內的機場而來。在這樣的條件下，航程遙遠代表德國轟炸機群不可能有單座戰鬥機的護航。因此，當時英國皇家空軍提出的轟炸機反制策略皆未考量到敵方戰鬥機的干擾。

波頓·保羅挑戰式戰鬥機就是依此前提來設計，它的機身中央配備電力驅動的砲塔，裝置四挺白朗寧〇·三〇三吋（七·七公釐）機槍。英國皇家空軍預先規畫的作戰方案是以三機小隊逼近敵方轟炸機群，或是派出二或三組三機小隊至轟炸機編隊的側翼下方或前面下方，從對手防禦力最弱或根本不存在的位置開火。配備砲塔的戰鬥機能夠由近距離向轟炸機進行猛烈掃射，二或三組三機小隊同步從不同的方向發動攻擊，可達到毀滅性的效果。

一九四〇年一月，位在下巴斯康（Boscombe Down）的「飛機暨軍備實驗機構」（Aeroplane and Armament Experimental Establishment）發表了一篇標題為《特別關於挑戰式飛機之砲塔戰鬥機的戰術運用》（*The Tactical Employment of the Turret Fighter with Particular Reference to the Defiant Aircraft*）的報告，它指出儘管配備固定式武裝的戰鬥

機總是飛得比砲塔戰鬥機還快，但後者即使速度僅比轟炸機快一些，仍能扮演重要的角色。這份報告又略述砲塔戰鬥機與轟炸機交火時的優勢：

一、砲塔戰鬥機的出現，即使僅占少數，仍可迫使敵方轟炸機加裝攻擊性武器，或是防禦性武器改採全方位的配置。如此一來，無可避免地會犧牲掉轟炸機的速度、續航力和載彈量。況且，若要抵擋由四面八方打來的子彈，就算是〇・三〇三吋（七・七公釐）的小口徑子彈，其防禦裝甲勢必相當厚重。因此，砲塔戰鬥機應可使用輕一點的彈藥（即採步槍口徑子彈），以擊出大量的子彈。它維持火力掃射的時間，能比固定式武裝戰鬥機還久，密集度亦會比轟炸機換裝威力較強但射速相對較慢的機槍還高。

二、砲塔戰鬥機與固定式武裝戰鬥機並肩作戰或進行協同攻擊，可同時對單一轟炸機或是轟炸機群造成多方面的壓力。這也許是擊落轟炸機的關鍵要素。

三、砲塔戰鬥機的飛行員能在各項限制中決定射程、射擊方向和攻擊速度，亦可善加利用電力驅動砲塔的優勢。傳統戰鬥機在與轟炸機平行的航道上加速飛行之時，其機槍瞄準器對準轟炸機的寬限（射擊偏角）可能為零度或相當小，但轟炸機的機槍射角卻必然較大……。

考量砲塔戰鬥機的角色之際，英國皇家空軍的戰術專家從未論及對抗單一轟炸機的情況。傳統的固定式武裝戰鬥機非常適合對付他們，可是面對大編隊的轟炸機群，砲塔戰鬥機會比較勝任，例如派出二或三組三機小隊截擊二十架以上的轟炸機編隊。

二次大戰初期，德國空軍所配備的轟炸機主要為都尼爾（Dornier）Do 17型、亨克爾He 111型與容克斯Ju 88型，他們皆是於固定樞軸上架設人員操縱的機槍。這些武器在以轟炸機機身為中心的下半球範圍內，能夠掩護的區域十分有限。況且，轟炸機編隊兩側和下方的空間相當廣大，砲塔戰鬥機小隊能夠從不同的方位開火，而轟炸機的機槍射手則難以有效還擊。

對轟炸機的機組員來說，敵方戰鬥機能在這麼近的距離內擊出大量的子彈，又無法還手，會嚴重影響到他們的士氣。遭受攻擊或企圖避開火網的轟炸機唯有脫離隊伍，但如此一來，就很容易被傳統戰鬥機擊落。

總結來說，貶抑砲塔戰鬥機的評論者們只不過是將它視為「單一轟炸機的驅逐機」（a bomber destroyer），卻未了解其戰術原理，因而低估這款戰機的價值。事實上，砲塔戰鬥機不僅是「單一轟炸機的驅逐機」，還能成為「轟炸機群的驅逐機」（a bomber formation destroyer）。

除了紙上談兵之外，我們亦應觀察計畫好的戰術在嚴謹的作戰學校測試中，成效究竟如何。

波頓・保羅挑戰式戰鬥機在機身中央的旋轉砲塔內裝置四挺0.303吋（7.7公釐）機槍，是為了對付沒有護航的轟炸機群而設計。它的最高時速可達304哩（489公里），勉強符合任務需求。

他詳述接下來的戰況：

「他們（颶風式戰鬥機群）很不幸地直接落入斯圖卡和緊密護航的梅塞希密特之間，我們開火，三架颶風立刻脫離隊伍，其中兩架迅速下墜，另一架則冒出濃煙，朝海面方向滑行。此時，我見到一架斯圖卡正加速俯衝，試圖飛往法國的海岸，有一架颶風在追擊它，一架『109』也緊跟在後，但109的後面還有另一架颶風，所有的戰鬥機都向前方的目標開火。我看情況非常危急，便衝了過去，五架飛機排成一線朝海面俯衝。斯圖卡遭受重創，兩名飛行員負傷，最後迫降在維桑（Wissant）的海灘附近。前方的梅塞希密特由約翰上士（Feldwebel John）駕駛，他擊落了第一架颶風。被摧毀的英國戰鬥機沉入海中之前，浮出的右翼就好像鯊魚的背鰭……我擊落的颶風則像落石一樣，墜落到約翰打下的颶風附近。」

這起空戰讓第56中隊失去兩架颶風式戰鬥機，另外兩架受創。德國空軍方面則有兩架斯圖卡嚴重受損，但第51戰鬥機聯隊無任何損失。

另一起典型的空戰發生在六天之後，即七月十九日，當時第141中隊的九架波頓．保羅挑戰式（Boulton Paul Defiant）戰鬥機從霍金菊（Hawkinge）緊急升空應戰，準備攔截正向一支護航船隊逼近的敵機。挑戰式雙座戰鬥機乃是為了對付沒有護航的轟炸機群而設計，它的機身中央配備一座電力驅動的砲塔，裝置四挺白朗寧（Browning）〇．三〇三吋（七．七公釐）機槍，並不適合與單座戰鬥機進行纏鬥。挑戰式剛飛離福克斯登（Folkestone）附近的海灘，便慘遭第51戰鬥機聯隊的Bf 109痛擊。兩架挑戰式立刻被擊落，在接下來的纏鬥戰中，砲塔戰鬥機的劣勢明顯暴露了出來。梅塞希密特的飛行員從挑戰式的尾部下方開火，那裡是砲塔機槍的射擊死角，而且雙座戰鬥機的速度和機動性根本比不上單座戰鬥機，無法躲避這樣的攻擊。

十二架第111中隊的颶風式被派去支援挑戰式，卻未能挽回這場悲劇。九架挑戰式僅有三架倖存下來，其中一架還受重創，十八名機組員有十人陣亡，兩人負傷，德國空軍則只失去一架梅塞希密特戰鬥機。

對「英國皇家空軍戰鬥機指揮部」（RAF Fighter Command）的總司令休．道丁上將（Air Chief Marshal Sir Hugh Dowding）來說，七月十九日的教訓是再清楚不過的了。所以兩天之內，兩個配備挑戰式戰鬥機的中隊（第141中隊與第264中隊）皆被調到北部戰事相對寧靜的區域，他們在那裡不會遭受敵方單座戰鬥機的攻擊。

不列顛之役前期，英國皇家空軍得到的另一個警訊是：德國空軍戰鬥機的襲擾，讓遇襲的英國戰鬥機單

不列顛之役初期的雙方戰機損失

這張表羅列了1940年7月10日至8月12日間，德國空軍與英國皇家空軍在每天的戰鬥任務中被擊毀或無法修復的戰機數量。本表的德國空軍損失包括各型戰鬥機、驅逐機、俯衝轟炸機和雙引擎轟炸機；英國皇家空軍的損失則包括在空中或於地面被摧毀的戰鬥機。

日　期	德國空軍損失	英國皇家空軍損失	事　件
7月10日	12架	3架	對英國護航船隊的單起猛攻
7月11日	16架	6架	對英國港口和護航船隊的多起猛攻
7月12日	8架	3架	對英國港口和護航船隊的多起攻擊
7月13日	6架	2架	對英國護航船隊的多起攻擊
7月14日	3架	1架	對英國護航船隊的單起攻擊
7月15日	3架	1架	對英國護航船隊的單起攻擊
7月16日	3架	0架	惡劣天候限制空中行動
7月17日	2架	1架	天候欠佳，對英國護航船隊的單起攻擊
7月18日	4架	5架	對英國港口和護航船隊的多起攻擊
7月19日	5架	10架	對多佛的單起攻擊
7月20日	10架	8架	對英國護航船隊的多起攻擊
7月21日	8架	2架	對英國護航船隊的多起攻擊
7月22日	1架	1架	對英國港口和護航船隊的多起攻擊
7月23日	2架	0架	對英國護航船隊和其他目標的多起攻擊
7月24日	10架	3架	對英國護航船隊的多起攻擊
7月25日	13架	6架	對英國護航船隊的多起猛攻
7月26日	3架	1架	天候欠佳，空中行動不活躍
7月27日	4架	2架	對英國護航船隊的多起攻擊
7月28日	10架	2架	對英國港口和護航船隊的多起攻擊
7月29日	12架	5架	對英國護航船隊的多起攻擊
7月30日	6架	0架	對英國護航船隊的多起攻擊
7月31日	3架	3架	對英國護航船隊的多起攻擊
8月1日	7架	3架	對英國護航船隊的多起攻擊
8月2日	4架	0架	對英國護航船隊的多起攻擊
8月3日	4架	0架	對英國護航船隊的多起攻擊
8月4日	0架	0架	空中行動不活躍
8月5日	3架	1架	對英國護航船隊的多起攻擊
8月6日	0架	0架	空中行動不活躍
8月7日	1架	0架	對英國護航船隊的多起攻擊
8月8日	28架	19架	對英國護航船隊的多起大規模攻擊
8月9日	4架	0架	空中行動不活躍
8月10日	0架	0架	空中行動不活躍
8月11日	40架	26架	對英國護航船隊和波特蘭的多起猛攻
8月12日	26架	13架	對英國護航船隊和雷達站的多起攻擊
總數	261架	127架	

空中纏鬥的戰術

二次大戰爆發之際，世界各國的航空部隊大部分都還無法確定，他們的戰鬥機該如何迎擊對手。在許多的案例中，戰鬥機的設計主要是對抗敵方轟炸機，而且不少專家相信，由於飛機的性能不斷提升，類似一次大戰那樣的纏鬥戰將成為歷史。英國皇家空軍一九三八年版的《空軍戰術手冊》（*Manual of Air Tactics*）即明確記載：

「在空戰中，於高速下進行機動作戰已經不切實際，因為在高速狀態下急轉彎所造成的重力影響，將讓人暫時失去意識，偏向射擊便相當困難，也無法維持準確性。」

因此，英國皇家空軍的戰鬥機戰術僅針對擊退轟炸機群而設計，戰鬥機相互對決的可能性幾乎遭到忽略。

為了有效對付轟炸機群，必需派出大批的戰鬥機並集中火力。於是，英國皇家空軍將一個中隊的十二架戰鬥機分為四個三機小隊。巡航期間，各小隊以V字形編隊飛行，中隊長的戰鬥機位於中央，其他的三機小隊則緊跟在後面。每一架戰鬥機會靠攏在一起，間隔僅僅約一個翼展寬（十二碼）。如此一來，不但能集中打擊火力，還可衝散雲朵，這在歐洲北部的上空是影響作戰的重要因素之一。

中隊長會引領戰鬥機群逼近轟炸機編隊的側翼，一旦接近目標，他便下令戰鬥機排列成梯形編隊，然後率領自己的小隊發動攻擊。每一位戰鬥機飛行員皆會設法繞到轟炸機的後方開火，再次引用英國皇家空軍一九三八年版的《空軍戰術手冊》：

「……戰鬥機飛行員堅守崗位，直到彈藥用罄、敵方轟炸機被摧毀、自己遭擊落或是引擎故障。」

其他的三機小隊部署在中隊長所屬小隊的後方，當前面的三機小隊退下陣來即輪流上場。這樣的戰術編隊和攻擊模式並非只有英國皇家空軍採用，而且是大戰爆發之前幾個主要航空部隊的典型戰術思維。

到了一九三九年，大多數航空部隊所能取得關於現代空戰實況的唯一證據，是蒐集自西班牙內戰期間的報告。研究這些報告就好像在瀏覽聖經一樣，無論何者企圖證明某事，便會從中尋找證據予以支持。西班牙的內戰顯示，轟炸機群幾乎總是能突破敵方的防禦網，飛抵目標上空。若情勢有利的話，還可造成極大的破壞。雖然這場衝突中亦有無數起零星的戰鬥機對決，但大部分沒有結果，

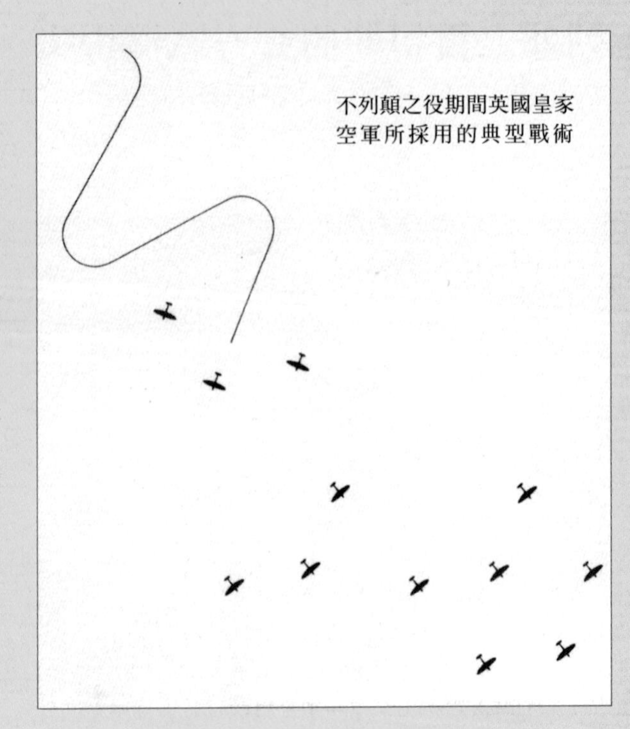
不列顛之役期間英國皇家空軍所採用的典型戰術

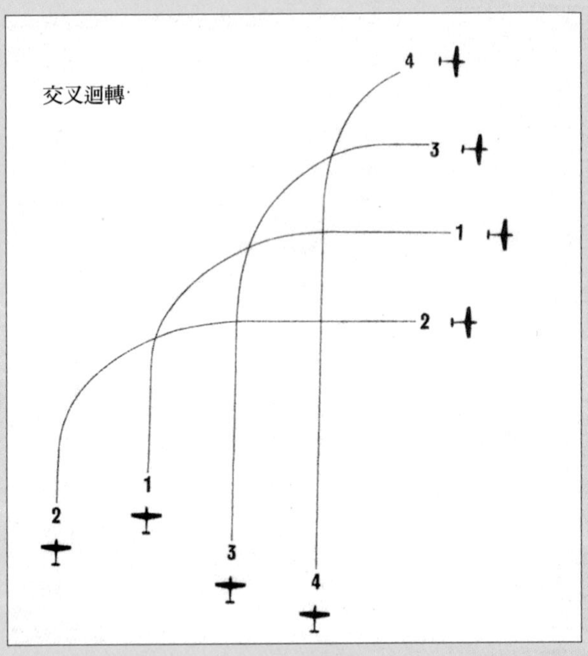

交叉迴轉

而且僅有少數是以現代空戰的模式進行。

只有德國空軍從西班牙內戰中汲取有益的教訓，他們意識到未來的戰爭，儘管現代化戰鬥機之間的纏鬥戰難度愈來愈高，卻仍有可能發生。德國的戰鬥機飛行員於西班牙上空試驗的新穎戰術，乃基於「雙飛編隊」（Rotte）發展而來，即兩架戰鬥機並列在一起，但間隔距離非常寬闊。巡航

期間，兩架飛機相隔約二百碼（一百八十二公尺）遠，領頭的飛機稍微在前。如此一來，兩名飛行員可隨時注意到彼此的視線死角，掩護隊友的後方或下方。空戰展開的時候，僚機飛行員持續留意敵方戰鬥機由後面襲擊，讓領頭的飛行員能夠專心對付追擊的目標。

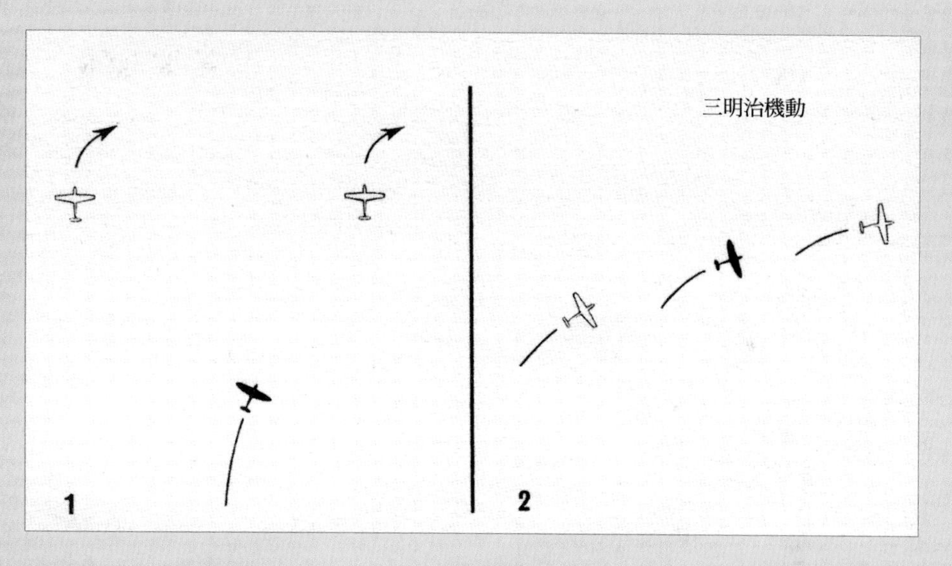

德國空軍兩個雙飛編隊組成一個「四機小隊」（Schwarm），因為其隊形就像伸出去的四根手指，所以後來便稱為「四指編隊」（Finger-Four）。領頭的雙飛編隊位置稍在另一個雙飛編隊側翼之前，各架飛機略呈階梯狀排列，最後面一架對著太陽。由於每一架飛機間隔距離約二百碼，四機小隊的總寬度即長達六百碼（五百五十公尺），他們在高速轉彎的時候不太可能維持隊形。因此，德國空軍的戰術專家想出了「交叉迴轉」（Cross-Over），兩個雙飛編隊只要簡單地交換位置，就能以大致相等的飛航距離轉彎，並保持隊形的完整性。

若要評斷戰鬥機的作戰編隊是否有效率，必須考量到三項因素。第一，以該隊形進行機動戰時能否維持凝聚力；第二，每位飛行員能否掩護彼此的視線死角，防範對手發動奇襲；第三，任何一架僚機遭受攻擊時，能否立刻予以支援。

正以寬闊四機編隊巡航的梅塞希密特Bf 109E型戰鬥機，他們隸屬於第27戰鬥機聯隊。

就這三項標準來說，德國空軍的戰術編隊顯然比英國皇家空軍所採取的緊密隊形優越許多。四機小隊利用交叉迴轉，能夠穩固地保持隊形；緊密編隊的迴轉率則因排列成V字形的三機小隊，必須以側翼的飛機為中心進行迴旋而受限。巡航的時候，四機小隊的每一位飛行員皆可一邊搜索敵機，一邊留意僚機的盲點；反觀英國皇家空軍的三機緊密編隊，僅有小隊長在搜索敵機，其他兩名飛行員則必須注意飛行距離以免隊形瓦解，因此無法時時掩護至關重要的後方與下方空域。如果德國空軍雙飛編隊或四機小隊的任何一架戰鬥機遭受出其不意的攻擊，他們只要簡單地轉向，即可使攻擊者被夾在中間（三明治機動）；緊密編隊若遭敵機由後方襲擊，整個隊形就會很快被打散。

在法國上空及不列顛之役的初期階段，英國皇家空軍的戰鬥機戰術根本無法與對手相提並論，而且戰役進行期間，他們也沒有機會迅速改變戰術。何況，英國飛行員先前的訓練早已根深柢固。不過很快地，英國皇家空軍便將戰術加以修改，V字形編隊的間隔距離變得十分寬闊，好讓飛行員有更多的時間搜索敵機而非維持隊形。另外，一個由經驗豐富飛行員組成的三機小隊會以波浪狀的航線，於主要編隊上方一千呎（三百零四．八公尺）處巡航，防範敵機發動奇襲。這兩項措施大大改善了英國戰鬥機編隊搜索敵機和相互支援的能力，但轉彎的時候仍會破壞掉隊形。

這樣的改變究竟能否讓英國皇家空軍的戰鬥機有效抗衡德國空軍對手，還是得經過幾次交戰之後才能夠見真章。

超級馬林噴火式戰鬥機

超級馬林噴火式為二次大戰時期，英國皇家空軍最出色的戰鬥機，總共配備給十九個中隊操縱。一九四〇年夏，超級馬林所推出的噴火式I型搭載標準的設備和裝甲，最高時速仍可達到三百四十五哩（五百五十五公里），而於同年九月投入服役的II型機則換裝馬力更強的引擎，最高時速提升至三百五十四哩（五百六十九．七公里）。

噴火式戰鬥機的標準武裝為八挺白朗寧〇．三〇三吋（七．七公釐）機槍，可是在不列顛之役期間，部分噴火式換裝了兩門二十公釐加農砲。不過，這些加農砲由於射擊時經常會卡彈，所以不受英國飛行員們歡迎。

英國皇家空軍第41中隊的噴火式戰鬥機。

一名軍械士正在為一架噴火式的0.303吋機槍重新裝填彈藥，他們隸屬於第19中隊，不列顛之役期間以杜克斯福德為基地。

不列顛之役期間，英國的軍械士正為一架噴火式重新填彈，好讓它再次出擊。噴火式（還有颶風式）戰鬥機的填彈工作相當費力，軍械士們不但得清理八挺0.303吋（7.7公釐）機槍的槍管與槍機，為每一挺機槍裝上三百發的彈鏈，還得檢查壓縮空氣等等。不過，訓練有素的地勤人員能夠於十分鐘內完成所有的作業

一旦完成裝彈作業之後，噴火式戰鬥機便開始發動引擎，一名地勤人員還會與飛行員進行最後的確認。當所有的裝置檢查完畢，地勤人員就會迅速跳下飛機，並推開制輪楔，讓噴火式出擊。注意這張照片與上一張照片的噴火式橢圓形機翼尺寸略有不同，它的機槍射擊孔亦用帆布貼片封閉。

梅塞希密特Bf 109E型戰鬥機

梅塞希密特Bf 109E型是德國空軍在不列顛之役期間所操縱的唯一單引擎戰鬥機，它的最高時速可達五百七十公里（三百五十四哩），一般武裝為兩門二十公釐MG FF型加農砲和二挺七．九二公釐（〇．三一吋）MG 17型機槍（早期型則配備四挺七．九二公釐MG 17型機槍）。Bf 109E型於這場戰役中期以後還擔任「戰鬥轟炸機」（Jagdbomber, Jabo）的角色，最重能夠搭載二百五十公斤（五百五十磅）的炸彈。

另外，雖然梅塞希密特起初亦在螺旋槳的軸心裝置一門加農砲，卻因研發過程問題不斷，該武器直到Bf 109F型問世後才實用化。Bf 109E型螺旋槳軸心加農砲的射擊管就這麼留著，到了不列顛之役晚期，經常可以發現Bf 109E型的機鼻罩有不同的設計。

1940年夏末，德國空軍的Bf 109戰鬥機開始出現在英國本土上空，他們的翼面與引擎整流罩漆著黃色或白色的戰術標記。照片中的這架Bf 109E即展現出早期的迷彩，戰術標記僅僅漆在方向舵上。

隨著戰役持續進行，德國空軍戰鬥機的戰術標記開始漆在機身更顯眼的地方，可是即使同一單位，各架戰鬥機的戰術標記形式也有很大的不同。照片中的這群Bf 109E型隸屬於第52戰鬥機聯隊第1中隊（Staffel），不列顛之役期間以法國的加萊（Calais）為基地，拍攝時間或許是於1940年8月中旬。在簡易機棚前滑行的戰鬥機為赫爾穆特．班納曼（Helmut Bennemann）中尉的「黑色五號」（Black 5），它從機鼻直到擋風玻璃全部塗上黃色，但停在機棚內的戰鬥機只有引擎整流罩上半部漆成黃色。

梅塞希密特Bf 109戰鬥轟炸機的座艙特寫。零亂的儀表板中間下方（方向舵踏板中間）為投彈控制盤。

噴火式I型對Bf 109E型

一九三九年十一月，法軍擄獲了一架完好無缺的梅塞希密特Bf 109E-3型戰鬥機，它是目前於德國空軍內服役的最新Bf 109衍生型。經過測試之後，這架戰鬥機便交給了英國皇家空軍，送到法茵堡（Farnborough）的「英國皇家飛機機構」（Royal Aircraft Establishment），與超級馬林的噴火式I型進行比較測試，由在「施奈德飛行大獎賽」（Schneider Trophy）中出名的喬治．史丹佛斯中校（Wing Commander George Stainforth）和未來的空戰王牌羅伯特．史丹佛一塔克上尉（Flight Lieutenant Robert Stanford-Tuck）輪流駕駛。

用來測試的噴火式戰鬥機換裝了「羅托爾公司」（Rotol）的定速螺旋槳，當時英國皇家空軍戰鬥機指揮部才剛著手制定應急方案，為所有的噴火式與颶風式換裝這種螺旋槳或是「德．哈維蘭公司」（de Havilland）的定速螺旋槳，取代先前的兩段速螺旋槳。定速螺旋槳可自動調整螺旋槳葉片的齒距與角度，使引擎的轉速發揮最大效率。另外，它還能夠提升戰鬥機起飛或爬升時的性能。

經過一連串的比較測試之後，「英國空軍部航空戰術部門」（Air Tactics Branch of the Air Ministry）於一九四〇年七月完成了一份標題為《Me 109與裝置羅托爾螺旋槳的噴火式之比較測試》（*Comparative Trial between Me 109 and Rotol propeller-equipped Spitfire*）的報告（作者註：梅塞希密特109型的正確縮寫是Bf 109，但在二次大戰期間的英國皇家空軍文件當中並非如此記載，而是採用Me 109，為了真實還原當時的情況，下文所引用的英國皇家空軍文件，仍保留Me 109的縮寫）。該報告指出：

一、測試開始的時候，兩架戰鬥機同時起飛，飛行員皆以六又四分之一磅的力量增加發動機推力，讓引擎的轉速達到每分鐘三千轉。在這樣的條件下，噴火式的速度稍微落後。

二、飛離地面之後，兩位飛行員將引擎轉速減少至每分鐘二千六百五十轉，噴火式便能趕上並超越Me 109。到了四千呎（一千二百一十九公尺）的高度，噴火式已領先Me 109一千呎（三百零四．八公尺）。這樣的情況下，噴火式能夠設法繞到對手後方，而且即使Me 109的飛行員使出渾身解數，仍難以擺脫追擊者的糾纏。

三、接著，噴火式讓Me 109追擊，並試圖擺脫對手。噴火式的飛行員發現，英國戰鬥機的機動性能較優越，可以輕易避開Me 109的糾纏，尤其是在進行翻滾及在速度低至每小時一百哩（一百六十公里）到一百四十哩（二百二十五公里）的時候。此外，噴火式於接近失速的速度下急轉彎，就能夠毫不費力地繞到Me 109的後方。

四、噴火式的飛行員發現，另一個有效擺脫Me 109追擊的方法是：在時速一百二十哩（一百九十三公里），以六磅力量增加發動機推力，讓引擎轉速達到每分鐘二千六百五十轉之時，進行螺旋形緊急爬升。採取這樣的機動方法，噴火式便能夠迅速脫離Me 109的糾纏，然後再翻滾半圈，即可繞到對手的後方。

五、在競速比較測試中，噴火式無論加速、直飛和水平面飛行皆明顯占了上風，完全不需要以十二磅力量增加發動機的推力，這是在緊急狀況的時候才用得到。俯衝測試中，噴火式的飛行員也發現，羅托爾螺旋槳只要用最粗的齒距，並以二磅力量減少發動機推力，即可勝過Me 109戰鬥機。

法茵堡的測試讓英國人感到非常滿意，超級馬林的噴火式I型在四千呎（一千二百一十九公尺）的高度作戰，性能遠優於梅塞希密特的Bf 109E型。然而問題是，德國空軍的飛行員並不打算與敵方戰鬥機進行低空、低速的纏鬥戰。

梅塞希密特Bf 109E-1型是法蘭西之役和不列顛之役期間，對抗英國皇家空軍最早期的E型系列戰鬥機。該型機於英倫大空戰中偕同Bf 109E-3型與Bf 109E-4型作戰，它和後期衍生型最大的不同之處，是在機翼裝置了兩挺7.92公釐機槍，而非兩門20公釐加農砲。

英國皇家空軍在法茵堡測試擄獲的Bf 109之時，遭遇引擎冷卻困難的問題，所以他們不曉得，一旦梅塞希密特的發動機能夠完全運作，該機於各空層的爬升率就會贏過噴火式。

德國空軍所採取的戰術也是如此，他們會先攀升到敵機上方，機動至適當的開火位置，然後展開高速俯衝攻擊，再迅速返回安全的高度。如果時間掌握得宜，而且有足夠彈藥的話，即可反覆進行這樣的攻擊模式。

民族意識的作祟，或許讀者不會對德國空軍的測試得到完全相反的結果感到意外。位在雷希林（Rechlin）的德國空軍測試中心，他們亦以一架擄獲的噴火式I型進行比較測試，並且非常滿意地認定Bf 109為更優秀的戰鬥機。德國空軍用來測試的噴火式很可能是在一九四〇年五月或六月敦克爾克大撤退期間，那些迫降卻仍完好無缺的戰鬥機。

如同當時於前線服役的大部分噴火式，它裝置的是兩段速螺旋槳，其爬升性能比法茵堡測試中的噴火式略遜一籌。另外，德國的測試飛行員很快便發現，英國戰鬥機配備的勞斯—萊斯隼式（Rolls-Royce Merlin）引擎的汽化器在機鼻朝下，造成「負G力」的時候，就會中斷燃料的供給，導致引擎熄火。Bf 109與Bf 110則加裝燃料幫浦，所以不會遭遇這樣的問題。

在一九四〇年夏初駕駛過噴火式與颶風式的德國空軍著名飛行員之一，乃魏納．莫德士上尉（Hauptmann Werner Mölders），當時他締造了二十五次擊殺紀錄，是最厲害的空戰王牌。莫德士後來寫道：

「在雷希林操作噴火式與颶風式進行測試十分有趣，這兩款戰鬥機和我們的相比，非常好駕馭，而且起飛和降落簡直易如反掌。颶風式是不錯的飛機，迴旋表現尤佳，但總體性能明顯比Bf 109還差。它的操縱桿得使勁才能拉動，副翼的運作也比較遲緩。

噴火式為更出色的飛機，操控起來非常輕鬆，迴旋的時候可說是完美無暇，整體性能直逼Bf 109。然而，作為一款戰鬥機，噴火式卻顯得相當拙劣，它的操縱桿猛然向前推就會導致引擎熄火，而且螺旋槳只有兩個齒距可以設定（起飛與巡航），這在變化倏忽的空戰狀況下，引擎不是負荷過重，就是無法發揮最大效率。」

英國皇家空軍與德國空軍的測試結果都僅有部分可信度。英國的測試是在中間空層於低速的情況下進行，因為這樣的條件噴火式較占上風；而德國的測試則是在更高的空域以高速狀態來進行，Bf 109於此條件下較能發揮實力。

不列顛之役期間，由於德國空軍的轟炸機皆在一萬三千呎（三千九百六十二公尺）至二萬呎（六千零九十六公尺）的高度飛翔，所以大部分的戰鬥機對決亦是於這個空層進行。在此一空層作戰，噴火式I型與Bf 109E型就性能而言大致上勢均力敵，雙方都無法從測試時的條件中得利。因此，對一般的戰鬥機飛行員來說，在短暫的交火下，先前所訓練的戰術會比兩款主力戰鬥機性能的優勝劣敗更加重要。

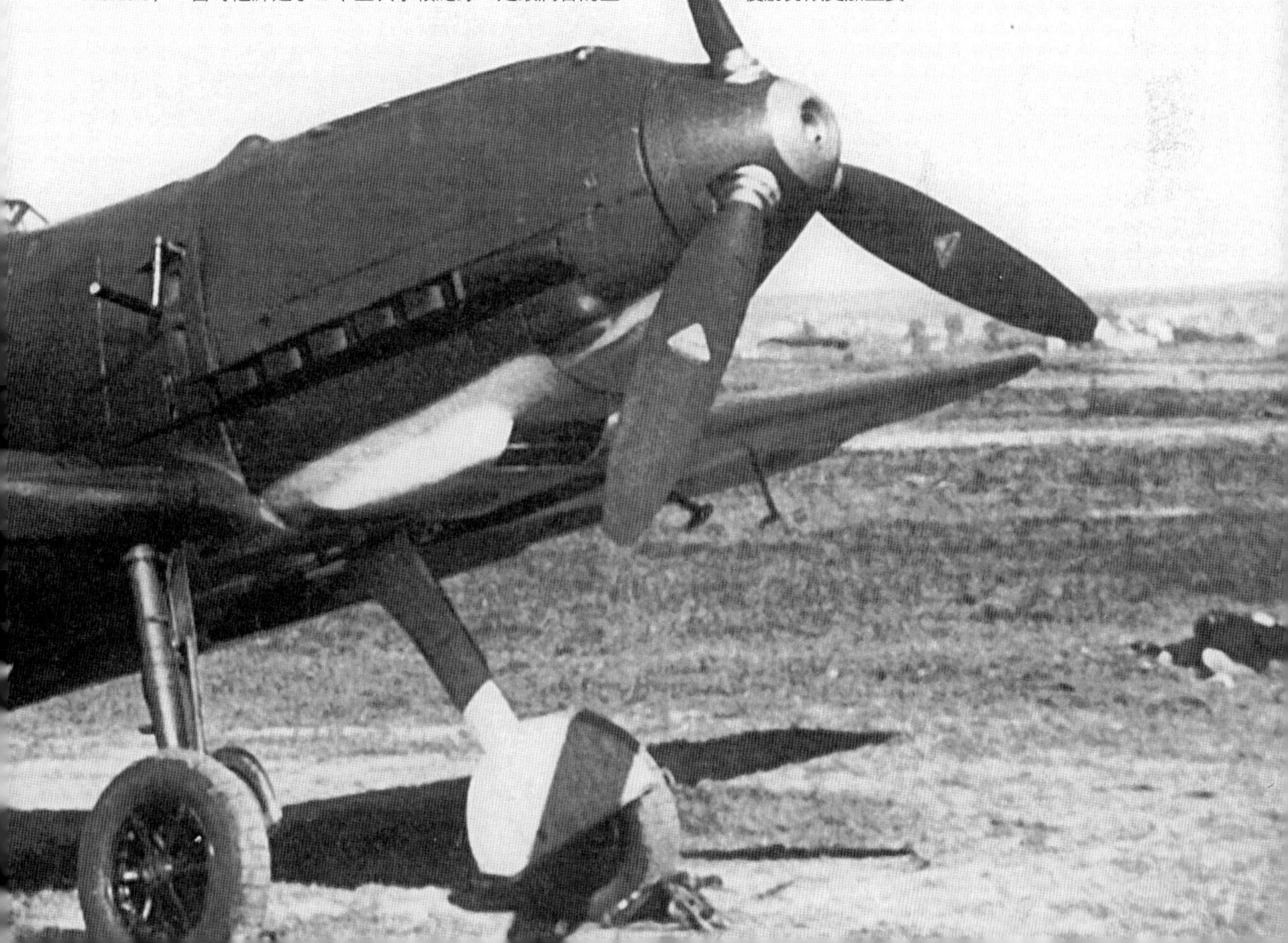

一名德國空軍的飛行員首次遭遇英國皇家空軍時的印象是：

「在法國上空作戰期間，我們的梅塞希密特Bf 109很難和法國的莫蘭（Morane）或寇蒂斯（Curtiss）戰鬥機做比較，因為我從未和他們交手。整場戰役中，我只見過一架莫蘭戰鬥機，而且它很快就消失於遠方。

聯隊上的隊員很少遭遇纏鬥戰，直到敦克爾克的行動才首次與大批的英國皇家空軍戰鬥機對決，我們的飛行員返航之後表示對敵人非常欽佩。我本身於八月初才經歷了纏鬥戰，當時乃在懷特島（Isle of Wight）上空和英國戰鬥機交手，而且覺得他們無論是飛行員的素質與戰鬥機的性能都和我們一樣出色。

長期服役的英國皇家空軍飛行員不但訓練有素，經驗亦十分豐富，更清楚是為何而戰。當然，他們也有年輕、欠缺經驗的飛行員，不過我們認為，英國皇家空軍絕對有戰技高超且老練的中堅部隊。」

第27戰鬥機聯隊，梅塞希密特Bf 109飛行員，尤里烏斯・諾伊曼（Julius Neumann）中尉

一名英國皇家空軍的新手飛行員描述完成基本訓練之後，來到克洛伊登的第111中隊：

「當我完成基本訓練來到克洛伊登的時候，部隊的指揮官問我有多少小時的颶風式飛行經驗，我回答只有十五分鐘。他說：『這不是好事，你要每天早晨飛三個小時，下午飛二個小時，直到你有四十五個小時的颶風式飛行經驗為止。』

當我駕駛颶風式I型飛滿四十五個小時之後，即被叫到指揮官面前進行十分鐘的訓誡，教導如何對抗德國佬（Hun）。不過，指揮官講的全是廢話，我這時也才注意到，站在他面前竟然沒有脱帽。指揮官所説的都是像『德國佬是非常狡滑的傢伙，你必須非常小心』諸如此類的話。面談中，唯一對我有益的是，當我獨自飛行，敵機又在附近的時候，千萬不可直線飛行超過兩秒鐘。

指揮官的訓誡結束後又說：『你已經駕駛颶風式完成四十五個小時的訓練，明天起，你就是藍色三號（Blue 3）！』漸漸地，我從編隊飛行與緊急升空應戰等任務中獲得實戰經驗。透過持續不斷戰鬥，我最大的憂慮慢慢消逝而去，也不會再被稱為膽小鬼了。」

第111中隊，颶風式飛行員，哈利・牛頓（Harry Newton）中士

這架編號QV-K P9386的超級馬林噴火式I型，是第19中隊的中隊長布萊恩．連（Brian Lane）少校的座機，拍攝於1940年9月的杜克斯福德（Duxford）基地。不列顛之役期間，連少校贏得四次空戰勝利，戰役前、後又分別擊落一架，總共創下六次擊殺紀錄。他在1942年12月於戰鬥中身亡。

一名英國皇家空軍老手對於戰爭的看法：

「戰爭爆發的時候，第17中隊的飛行員們在一起至少有三年了。顯然地，我們非常了解彼此，所以每當隊友陣亡，對我來說都是一場打擊。雖然飛行中隊有新成員的加入，但沒有人會像戰前那樣再去熟識他們。

我真的很不喜歡殺人，也不想這麼做。然而，在戰場上不是你死，就是我亡。我加入英國皇家空軍擔任戰鬥機的飛行員，戰爭來臨之際，我想到的是：『就是現在，是我該賺錢的時候了！』我知道怎麼做，亦盡力去做，可是每當隊上一些年輕飛行員誇耀擊殺對手之時，真令我反感，我不能接受這種態度。」

第17中隊，颶風式飛行員，約翰．艾瑟靈頓（John Etherington）中士

這架編號YB-J N2359的霍克颶風式I型隸屬於第17中隊，1940年9月以第伯登（Debden）為基地。

這兩張照片中的梅塞希密特Bf 109戰鬥機皆隸屬於第26戰鬥機聯隊第3中隊，不列顛之役期間以加萊附近的卡菲爾（Caffiers）為基地。位在法國北部沿岸的德國空軍基地大部分是臨時建造，他們的戰鬥機停放在沙包圍成的護牆內，並以樹枝來做偽裝。

這批Bf 109戰鬥機同樣隸屬於加萊卡菲爾基地的第26戰鬥機聯隊第3中隊。停機坪除了有沙包護牆之外，還有偽裝網覆蓋。

一架第506海岸飛行大隊（Küstenfliegergruppe 506）的亨克爾He 115型水上飛機。不列顛之役期間，該單位以挪威和德國北部為基地，他們的水上飛機於夜晚出擊，飛往英國的港口執行布雷任務。

亨克爾He 59型水上飛機為一款過時的魚雷轟炸機，因此在不列顛之役期間乃擔任空中與海上救援的角色。

一架第40轟炸機聯隊的福克—沃爾夫（Focke-Wulf）Fw 200型兀鷹式（Condor）轟炸機。第40轟炸機聯隊在英倫諸島西邊的大西洋上，執行反艦任務。不列顛之役期間，該單位的轟炸機定期往返法國的波爾多（Bordeaux）與挪威的特倫漢（Trondheim）基地。照片中這架出廠編號（W.Nr.）0023，部隊標誌F8+EH的Fw 200C-2型，據信曾經由第40轟炸機聯隊第1中隊的中隊長（Staffelkapitan）駕駛。

戰力比較

英國皇家空軍（1940年7月1日）

單引擎戰鬥機：	
噴火式	286架
颶風式	463架
挑戰式	37架
雙引擎戰鬥機：	
布倫亨式	114架
總數量：	900架

德國空軍（1940年7月20日）

前線戰機（第2、第3與第5航空軍團）	
單引擎戰鬥機（Bf 109）	844架
雙引擎戰鬥機（Bf 110）	250架
單引擎轟炸機（Ju 87）	280架
雙引擎轟炸機（Do 17、Ju 88、He 111）	1,330架
長程偵察機	80架
總數量	2,784架

位蒙受無法接受的損失。此時，英國皇家空軍的防區管制官接獲命令，只引導戰鬥機去對抗他們認為是轟炸機群的目標，如果可能的話，就不要理會德國戰鬥機的攻擊。然而，德國空軍也了解，沒有護航的轟炸機編隊在大白天飛越英吉利海峽或英國南部，若遇上敵方戰鬥機的攔截，將會迅速被殲滅。

這個時期的空戰愈演愈烈。八月八日的時候，代號「田鳧」（Peewit）的護航船隊在英吉利海峽上遭遇空襲，二十艘船舶當中有四艘沉沒，六艘受創。護航船隊的附近亦爆發激烈空戰，德國空軍損失了二十八架戰機，而英國皇家空軍戰鬥機指揮部則有十九架折翼。

八月十一日，德國空軍首次向英國的單一目標發動大規模攻擊。他們先派戰鬥機到多佛一帶進行一連串的佯攻，接著約七十架的亨克爾（Heinkel）He 111型與容克斯Ju 88型雙引擎快速轟炸機（Schnellbomber）在近一百架梅塞希密特Bf 109型戰鬥機和Bf 110型驅逐機（Zerstörer）的護航下，空襲波特蘭（Portland）的「英國皇家海軍」（Royal Navy）基地。八個中隊的颶風式與噴火式（Spitfire）立刻升空攔截，在無可避免的慘烈空戰中，英國皇家空軍失去了二十六架戰鬥機，德國空軍則有四十架戰鬥機與轟炸機被擊落。

八月十二日，德國空軍又向朴茨茅斯（Portsmouth）展開類似的空襲。另外，Ju 87斯圖卡亦針對幾個特定目標發動俯衝轟炸，包括皮文斯（Pevensey）、雷伊（Rye）、多佛、肯特郡（Kent）的敦克爾克（Dunkirk）和文特諾（Ventnor）的雷達站。這些雷達站沿著英國南岸呈帶狀部署，稱為「本土鏈」（Chain Home）。對俯衝轟炸機的飛行員而言，這麼小的定點目標難以命中，更無法讓他們長時間失去作用。經過迅速修理之後，所有受損的雷達站，除了一座以外，皆能於第二天恢復運作。

從七月十日至八月十二日的三十四天空戰期間，德國空軍總共失去二百六十一架戰機，英國皇家空軍戰鬥機指揮部則為一百二十七架，損失比率差不多為二比一。雖然英國似乎占了上風，但在這段時期的小規模衝突中，雙方都只不過是在試探對手的實力和弱點而已，根本不算真正的考驗。八月十二日，第2、第3與第5航空軍團（Luftflotte）接獲命令，準備全力以赴發動一連串的打擊，目標為消滅戰鬥機指揮部。德國新一階段的攻勢將預定在八月十三日展開。

第76轟炸機聯隊的成員（左照與上照）正試乘發配給他們的橡皮艇。學會操縱橡皮艇是德軍跨越海峽，攻占英倫諸島的準備作業之一。

英國皇家空軍戰鬥機指揮部和德國空軍的基地（1940年）

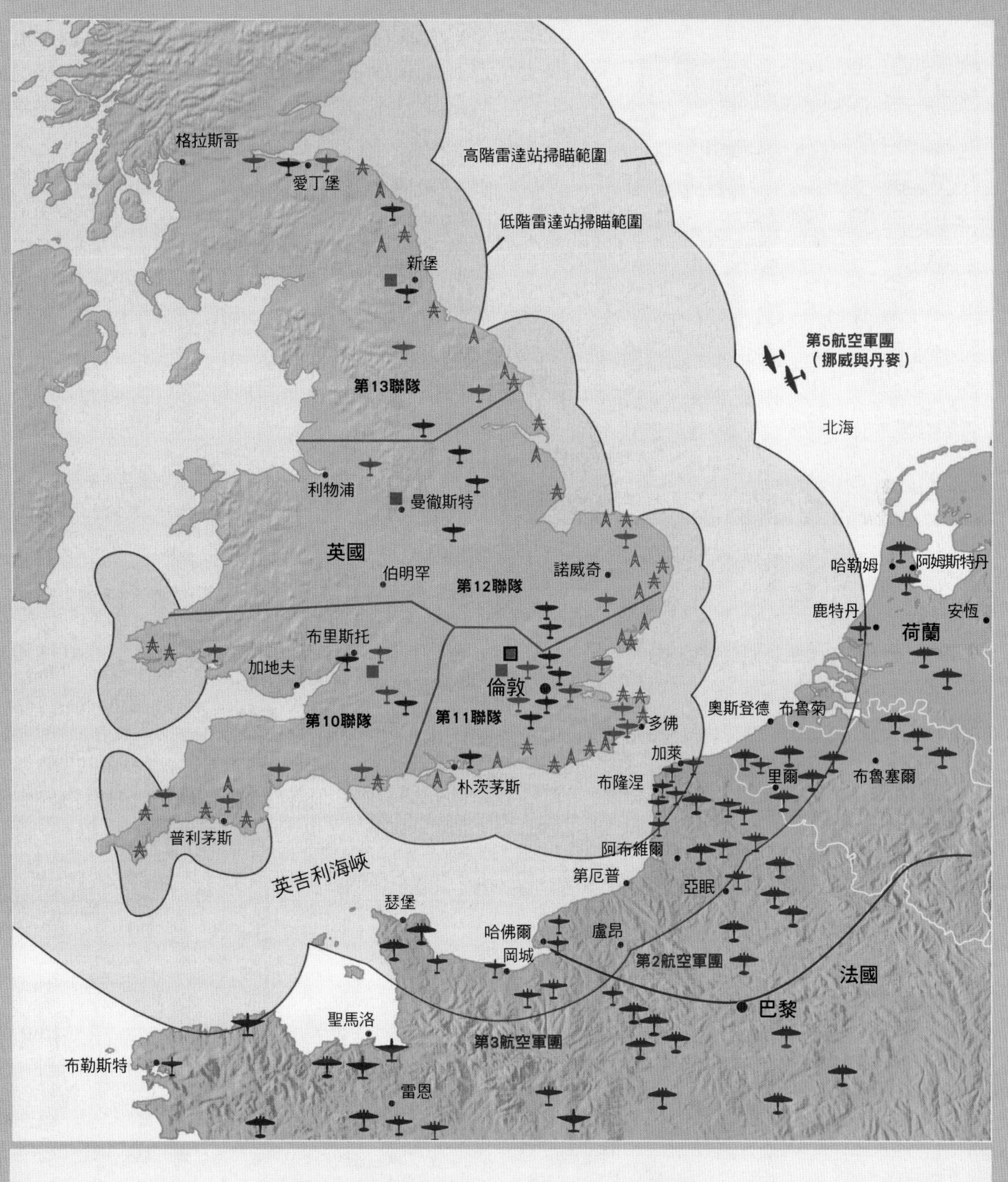

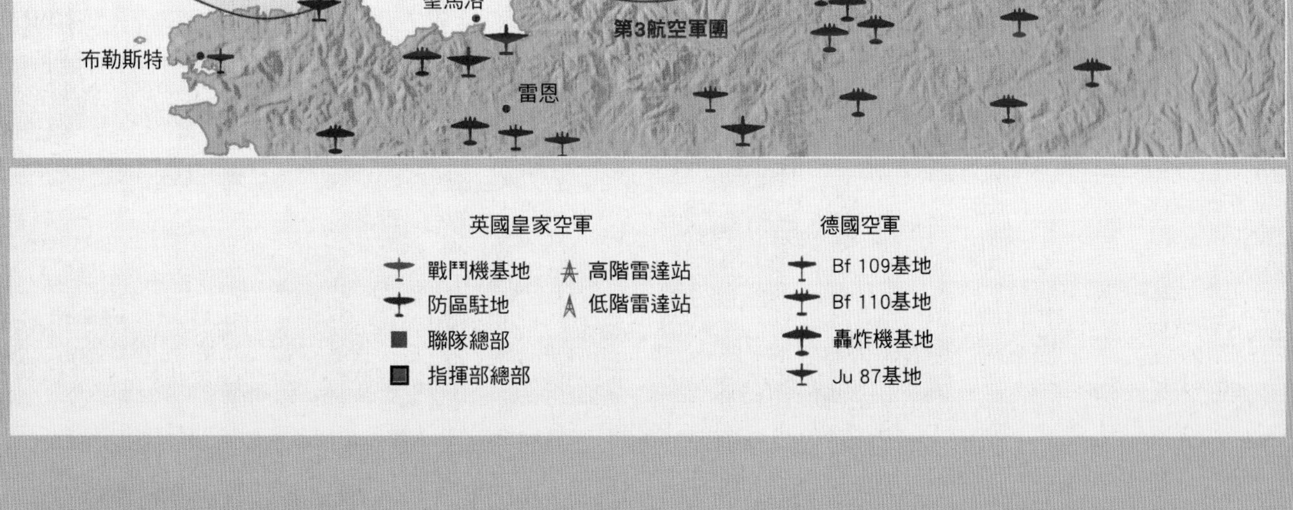

德國空軍的成員

阿道夫·賈蘭德（Adolf Galland）於1912年3月19日在西發里亞（Westphalia）的威斯特霍爾特（Westerholt）出生，為資產管理員之子。賈蘭德的童年於一個中產階級的農家裡度過，宗教信仰管得很嚴，但他比較喜歡運動與音樂，而非學術性的研究。賈蘭德很小就熱愛製做木雕飛機模型，並在十九歲的時候取得滑翔機飛行員的資格。1933年，賈蘭德加入剛成立的德國空軍，然後到義大利進行基本、半隱密性的軍事訓練。1937年4月，他又自願參與更隱密的任務，即偕同「兀鷹兵團」到西班牙作戰，擔任第88戰鬥機大隊第3中隊（3./J 88）的中隊長，操縱He 51型雙翼機。雖然賈蘭德最想當的是戰鬥機駕手，但他從對地攻擊機飛行員的角色中，獲得相當豐富的實戰經驗，其攻擊模式後來亦讓德國空軍發展出密接支援戰術。另外，賈蘭德在行政工作方面也很稱職，定期的回報上級都能順利收到。1938年8月，這個頭髮烏黑亮麗、時常抽著雪茄的年輕飛行員從西班牙返國後，便待在「帝國航空部」（Reichsluftfahrtministerium, RLM）裡，忙著組建早期的「打擊大隊」（Schlachtgruppe）。二次大戰爆發之際，賈蘭德即擔任第2教導聯隊第2打擊大隊（II.(Sch)/LG 2）的中隊長，操縱亨舍爾（Henschel）Hs 123型雙翼機於波蘭作戰。1940年2月，他終於成為戰鬥機飛行員，加入克雷菲爾德（Krefeld）基地的第27戰鬥機聯隊本部（Stab/JG 27）。三個月以後，德軍便向低地國家和法國發動進攻。儘管賈蘭德發現他在飛行員名冊中是半行政的角色，必須負責安排部隊會議及與第8航空軍（Fliegerkorps VIII）進行聯繫，可是留在第27戰鬥機聯隊的指揮單位，他還是能夠駕駛戰鬥機出擊，並於6月9日迅速累積至十二次擊殺紀錄，包括摧毀兩架噴火式。到了這個時候，賈蘭德再次申請調職，轉任法國卡佩勒（Capelle）基地第26戰鬥機聯隊第3大隊的大隊長（Gruppenkommandeur）。同年夏天，他十分榮幸能夠率領這個單位，於英吉利海峽上空對抗英國皇家空軍。8月下旬，當戈林決定由年輕、更積極進取的軍官替換他認為較老且較「穩重」的指揮官之際，或許不令人意外地，才華橫溢、戰功彪炳、瀟灑又有人緣的賈蘭德，很快便引起帝國元帥的注意。賈蘭德具備現代戰鬥機飛行員的所有特質，會熱切地獵巡和追擊敵手。8月22日，就在賈蘭德創下十七次擊殺紀錄，並榮獲「騎士十字勳章」（Knight' s Cross）的三個星期後，順利晉升為少校，這亦促使他當上第26戰鬥機聯隊的聯隊長（Kommodore），取代原先的哥特哈德·漢德利克（Gotthard Handrick）少校，戈林顯然不喜歡漢德利克。然而，賈蘭德從來不會忌諱向上級表達他的擔憂和疑慮。不列顛之役期間，他費盡苦心向戈林說明，要在纏鬥戰中壓制噴火式是愚蠢的行為，因為他知道英國戰鬥機的迴旋性能比較出色。由於Bf 109的速度快了許多，賈蘭德便極力要求採取「打帶跑」（hit-and-run）的戰術。1941年11月，賈蘭德已是少數榮獲夢寐以求的「騎士十字勳章搭配橡樹葉暨寶劍章飾」（Knight's Cross with Oakleaves and Swords）的空戰王牌（也是第一位得到寶劍獎章的人），並接替他的老競爭對手魏納·莫德士（於一場空難中喪生），升任戰鬥機部隊的最高指揮官（General der Jagdflieger）。

魏納·莫德士在西班牙內戰期間為德國空軍兀鷹兵團的頭號王牌，亦是航空史上首位締造百次擊殺紀錄的飛行員，即第一位於空戰中摧毀敵機數量累積到一百架的人，並因此獲得極高的聲譽和獎章。莫德士的作戰模式還促使戰鬥機新戰術的成形，最後發展出所謂的「四指編隊」，為世界各國的航空部隊仿傚。他在1941年11月22日搭乘一架He 111返回德國參加恩斯特·烏德特的葬禮途中，遇上墜機意外而身亡。

赫爾穆特·維克（Helmut Wick）少校榮獲過「鐵十字騎士勳章搭配橡樹葉章飾」（Knight's Cross of the Iron Cross with Oakleaves），他駕駛梅塞希密特Bf 109E型戰鬥機對抗西方盟軍，並創下五十六次擊殺紀錄。維克於1940年11月28日在懷特島外海遭英國皇家空軍的約翰·鄧達斯（John Dundas）上尉擊落而喪命，但鄧達斯也立刻被維克的隊友擊斃。

第26戰鬥機聯隊第3大隊的成員，由左至右分別是呂德維希少尉（Leutnant Lüdewig）、海因茲．艾伯林（Heinz Ebeling）少尉、蓋爾哈德．施歐菲爾中尉、約瑟夫．海伊波克（Josef Haiböck）中尉與漢斯．瑙曼（Hans Nauman）少尉。

坐在Bf 109戰鬥機內的卡爾．艾賓豪森（Karl Ebbinghausen）上尉是第26戰鬥機聯隊第2大隊的指揮官，他在1940年8月16日的行動中陣亡。

赫爾穆特．波德（Helmut Bode）少校是第77俯衝轟炸機聯隊第3大隊的指揮官，亦是容克斯Ju 87的飛行員。

維克多．馮．洛斯伯格（Victor von Lossberg）少校是第26轟炸機聯隊第3大隊的指揮官，亦是亨克爾He 111的駕駛。

威廉．赫爾蓋特（Wilhelm Herget）少尉是第76驅逐機聯隊第2大隊，梅塞希密特Bf 110的駕駛。

魯道夫．阿倫斯（Rudolf Ahrens）少尉是第1轟炸機聯隊，亨克爾He 111的駕駛，他在1940年8月18日的行動中遭擊落而淪為俘虜。

英國皇家空軍的成員

道格拉斯．巴德爾（Douglas Bader，上照與右照中央）少校是著名的飛行員，在大戰爆發之前，他的雙腿因一場飛行意外而被截去。巴德爾操縱颶風式戰鬥機，為第242中隊的中隊長，不列顛之役期間亦領導杜克斯福德的「飛行大隊」（Big Wing）作戰。

羅伯特．史丹佛－塔克（Robert Stanford-Tuck）少校在不列顛之役初期駕駛噴火式戰鬥機偕同第92中隊作戰，後來則指揮第257中隊，操縱颶風式戰鬥機。

這群第19中隊的噴火式飛行員來自不同的單位，但他們於1940年9月皆在英國皇家空軍戰鬥機指揮部旗下作戰。由左至右分別是：來自格拉斯哥（Glasgow），綽號「蘇格蘭兵」（Jock）的康寧漢少尉（Pilot Officer Cunningham）；綽號「海軍司令」（The Admiral）的布拉克上尉（Lieutenant Blake），他是英國皇家海軍「艦隊航空隊」（Fleet Air Arm, FAA）借調給戰鬥機指揮部的飛行員之一；杜勒札爾（F. Dolezahl）上尉是捷克人，他逃出被德軍占領的祖國，加入法國空軍，法國淪陷後又為英國皇家空軍效勞；布林斯登中尉（Flying Officer F. Brinsden）則為紐西蘭籍。布拉克上尉在1940年10月29日的一場行動中陣亡。

約翰·哈戴克爾（John Hardacre）中尉是第504中隊颶風式戰鬥機的飛行員，他在1940年9月30日的一場行動中陣亡。

赫伯特·哈羅斯中士（Sergeant Herbert Hallowes）為第43中隊颶風式戰鬥機的飛行員。

菲爾·杜上士（Flight Sergeant Phil Tew）為第54中隊的噴火式飛行員。

史泰方·魏托岑克（Stefan Witorzenc）中尉是波蘭人，他於第501中隊旗下操縱颶風式作戰。

綽號「山姆大叔」（Uncle Sam）的菲利普·列克羅恩（Phillip Leckrone）中尉是美國的志願飛行員，不列顛之役期間先後於英國皇家空軍第616與第19中隊旗下作戰，操縱噴火式戰鬥機。列克羅恩後來成為第71中隊的創始人之一，即第一個全由美籍飛行員組成的英國皇家空軍戰鬥機中隊，又稱「老鷹中隊」（Eagle Squadron）。

第66中隊的一輛克羅斯利（Crossley）油罐車正在為噴火式戰鬥機加油，這張照片或許是拍攝於比根山基地。不列顛之役期間，英國皇家空軍與德國空軍的地勤人員都扮演相當重要的角色。一旦戰機落地，地勤人員就會立刻將他們轉向，重新加滿燃料，裝填彈藥，並進行基本的維修，好讓飛行員或機組員迅速重返戰場。

英國飛行員坐在颶風式戰鬥機的駕駛艙內，耐心地等待軍械士為機槍重填彈藥，好再次出擊。訓練有素的軍械士或軍械兵，能在十分鐘內，為八挺機槍裝好子彈。

地勤人員

「地勤人員值得讚揚。我們奮戰不懈，但他們更勤奮地工作，而且總是笑臉迎人，拿香菸或酒到處跟人打賭，今天哪一個小隊的表現會比較好，或哪一名飛行員會打下幾架敵機。

我們中隊的工兵官，陶比（Tubby）喪生之後，他如何能在短時間內，維持隊上二十架颶風式的妥善率達百分之七十五，這個祕密永遠也解不開。戰鬥機飛行員贏得大眾的喝采，但世人卻未給予那些在幕後工作者應有的稱讚。」

英國皇家空軍第32中隊指揮官，麥可．克羅斯利少校

「在安特衛普（Antwerp）機場周邊附近的每一個中隊都有自己的部署區域。每當我們登上都尼爾轟炸機之時，引擎就已經在暖機了，地勤隊的二等兵埃里希．特瑞德（Gefreiter Erich Treder）還會殷勤地說：『引擎沒問題！』我不需要徹底檢查一遍，只要特瑞德說飛機沒問題，就如同獲得金字保證一樣。」

第3轟炸機聯隊，都尼爾Do 17飛行員，霍斯特．舒茲上士（Feldwebel Horst Schultz）

這架第26戰鬥機聯隊第3大隊的Bf 109正在卡菲爾基地進行露天引擎更換工作。不列顛之役期間，德國空軍的戰機大部分都是從倉促設立的機場起降作戰，而且許多維修工作只能於戶外進行。

一架第76驅逐機聯隊的梅塞希密特Bf 110正在進行引擎的更換工作，拍攝於拉瓦爾（Laval）基地。

沉默的哨兵——位在多佛附近斯文加特（Swingate）的「本土鏈」雷達站。這些高350呎（106.7公尺）的金屬塔架設了電波發射天線，而高240呎（73.1公尺）的木塔則架設接收天線。雖然這些高塔看似容易破壞，但炸彈爆炸時的衝擊波或碎片難以摧毀其網狀結構，事實亦證明德國空軍的轟炸成果十分有限。

英國「觀測隊」的一座警戒站。這些警戒站是由民間的志願人士駐守，一旦敵機飛越英吉利海峽闖入英國內地，各座警戒站所形成的監控網絡便能掌握他們的行蹤。

一門博福斯（Bofors）40公釐輕型防空快砲。這款武器的射速每分鐘可達一百二十發，投射2磅（0.907公斤）重砲彈，對低飛的戰機而言非常致命。不過在1940年夏，英國就是沒有足夠的博福斯砲來捍衛他們的機場和關鍵要地。

隸屬於英國第52重型防空砲團的一個砲兵連，他們配備四門4.5吋（114.3公釐）高射砲，部署在艾塞克斯（Essex）的巴爾金（Barking）附近。不列顛之役期間，這款防空武器是「英國皇家砲兵」（Royal Artillery）所採用最新、最重的高射砲，可發射55磅（24.9公斤）砲彈，射速每分鐘八發。

在果斯波特（Gosport）上空，燃燒的英國防空汽球正急遽墜落。不列顛之役期間，若梅塞希密特的飛行員尚有餘力的話，射擊防空汽球成為他們最佳的消遣。

倫敦西敏寺（Westminster）國會大廈（Houses of Parliament）南側草坪上的防空汽球。這些充滿氫氣的醜陋氣囊直徑25呎（7.62公尺），長62呎（18.9公尺），最大有效空飄高度約5,000呎（1,524公尺）。他們隨意散布於目標上空，作為低飛敵機的阻制物，尤其能妨礙德國俯衝轟炸機發動令人神經緊繃的精準攻擊。

空襲機場

一九四〇年八月十三日至九月六日

「你能用手壓扁一隻蜜蜂，但壓扁牠之前，你也會被螫傷。」——尚．包朗（Jean Paulan）

西元一九四〇年七月和八月初的行動只不過是德國空軍發動大規模空戰的序幕罷了，而且依德國人來看，不列顛之役直到八月十三日才正式展開。當天，德國空軍在代號「鷹擊」（Adlerangriff）的行動下〔譯者註：鷹擊計畫的啟動日期，又被稱為「鷹日」（Adlertag），原本定在八月十日進行，卻因天候惡劣而延後三天〕，總共派出一千四百八十五架次的戰機，轟炸波特蘭與南安普敦（Southampton）的英國皇家海軍基地，還有迪特林（Detling）與伊斯特卻奇（Eastchurch）的機場。這一天的激戰使得德國空軍損失了三十九架各式戰機，英國皇家空軍則有十四架折翼。

翌日，德國空軍針對英國的機場發動突襲，但架次明顯少了許多。十五日，他們再次展開大規模行動，轟炸英國雷達站與機場，而且基地遠在挪威和丹麥的第5航空軍團亦派出He 111型轟炸機，由Bf 110型長程戰鬥機護航，以及沒有護航的Ju 88型快速轟炸機奇襲英國北部的目標。德國空軍打算從對手料想不到的方向進攻，重創道丁的戰鬥機指揮部。然而，英國幸好有先進的雷達預警系統，入侵者徹底失敗。第5航空軍團的轟炸機群全部遭到攔截，並蒙受慘重的損失。在十五日的各起空戰中，德國空軍總共失去了七十九架戰機，英國皇家空軍則為三十四架。從此之後，第5航空軍團於這場戰役期間就不再扮演重要的角色，它的幾個轟炸機單位亦轉調給基地設在法國、比利時和荷蘭的第2與第3航空軍團。

接下來六個星期，雙方又爆發了一連串大規模的激烈空戰，而且戰火僅有短暫的歇息。這段時期的每一起空戰皆有一些特色，很難說哪一起為「典型」。不過，八月十八日星期天的一連串戰鬥倒是符合不列顛之役初期的主要空戰型態，並能說明德國空軍轟炸機編隊所採用的不同進攻戰術，及英國皇家空軍戰鬥機指揮部的防禦策略。所以，十八日的行動在此值得詳盡地檢視。

在八月十八日的空戰中，德國空軍制定了一項野心勃勃的計畫，打算針對英國東南部四個最重要的戰鬥機基地發動全力猛攻，即比根山（Biggin Hill）、肯利（Kenley）、宏恩卻奇（Hornchurch）與北威爾德（North Weald）。這四個機場的位置比他們先前派出相當規模的戰機所打擊的目標還要深入內地。另外，大批的斯圖卡亦會轟炸朴茨茅斯附近的機場和一座雷達站。由於十八日的空戰乃英國皇家空軍在不列顛之役期間，戰鬥機損失最為慘重的一天，所以該日又被稱為「苦難日」（The Hardest Day）。

十八日是美麗的夏季晴天，蔚藍色的天空僅有幾片白雲點綴。清晨時相當寧靜，只有數架德國偵察機獨自闖入英國南部，進行短暫的高空偵察，拍攝潛在目標物和回報天候狀況。英國戰鬥機不時升空攔截，但在高空翱翔的入侵者逃得很快，僅有一架被擊落。

當天第一起大規模空戰於午後不久爆發，設置在英國東南部的預警雷達站發現有數量眾多的敵機於巴德加萊（Pas de Calais）一帶集結。入侵部隊的先鋒為第76轟炸機聯隊（Kampfgeschwader, KG 76）的三十九架都尼爾Do 17與容克斯Ju 88轟炸機，他們於三千六百五十公尺（一萬二千呎）的高空飛翔，航向肯利。另外，英國雷達尚未發現第76轟炸機聯隊第9中隊的九架都尼爾轟炸機，其位置就在龐大轟炸機編隊的下方。這批轟炸機的任務是低空奇襲肯利機場。

在先鋒部隊後方約二十四公里（十五哩）處，又有第二波的轟炸機群，由第1轟炸機聯隊的六十架亨克爾He 111轟炸機組成，目標是比根山基地。為轟炸機編隊護航的則是一百五十多架的梅塞希密特Bf 109與Bf 110戰鬥機。

在阿克斯布里治（Uxbridge）的地下戰情室裡，英國皇家空軍戰鬥機指揮部第11聯隊的管制官引導著各飛行中隊攔截入侵者。其中一個配備十二架颶風式的中隊，即第501中隊當時正要前往另一座機場，他們接獲無線電命令，立刻爬升至高空層尋找敵機。幾分鐘之內，另外八個中隊的戰鬥機也緊急升空準備迎戰。

下午一點的時候，派去截擊的戰鬥機已全部升空，並航向攔截區。五個飛行中隊，總共五十三架噴火式與颶風式戰鬥機至坎特伯里—馬蓋特（Canterbury-Margate）一帶巡邏，防範敵人襲擊泰晤士河口（Thames Estuary）的港口設施和北邊的機場。同時，另外四個中隊，總共五十架噴火式與颶風式則在肯利和比根山上空盤旋，掩護那裡的空軍基地。

這一天，雙方在坎特伯里首次交鋒，英國皇家空軍的戰況十分不利。當時德國空軍的蓋爾哈德．施歐菲爾中尉（Oberleutnant Gerhard Schöpfel）率領第26戰

本書作者站在第11聯隊地下戰情室的入口，拍攝於阿克斯布里治。現今，英國政府保存了這個戰情室於1940年時的布置，並開放外界人士預約參觀。

這些照片拍攝於阿克斯布里治的第11聯隊戰情室內部，呈現二次大戰時期英國皇家空軍女製圖員推移戰情圖上的立牌之情景，還有裝設了隔音玻璃的戰鬥機管制臺。

阿克斯布里治的第11聯隊戰情室

「或許整件事最佳的形容即是『組織混亂』。當有事情發生的時候，平均每五分鐘就會有指示從訊息篩選室傳給每一名移動圖標立牌的女製圖員。在這個小房間裡呈現空戰的模擬實況，入侵者的立牌設在桌面的戰情圖上，而飛行中隊的布告板則顯示管制官所給予的資訊。管制官的聲音不斷地由耳機傳來，令女士們移動桌上的立牌，信差還會衝過來給予指示。若某人正詢問某事，身旁的人又在問其他的事情，那麼就只有看誰比較大聲。這樣的情形與宣傳影片中寧靜、輕鬆的氣氛全然不同。值班的戰鬥機管制官和他的助理會從樓上裝設了隔音玻璃的管制室裡盯著我們，他們似乎相當沉著，不受樓下的喧囂干擾。如果上面的狀況和下面一樣混亂的話，我不認為我們會贏得這場戰役。」

英國皇家空軍第11聯隊阿克斯布里治戰情室女製圖員，薇拉・塞斯（Vera Saies）

亨克爾He 111型轟炸機

亨克爾He 111型轟炸機是不列顛之役期間，德國空軍主要的雙引擎轟炸機。該機通常搭載四名機組員：駕駛、領航員兼投彈瞄準手兼機首機槍射手、無線電操作員兼機背機槍射手和航空技師兼機腹機槍射手。有時候還會增加第五名機組員，操作設置於機身兩側的機槍。He 111於編隊飛行的巡航速度約每小時三百零六公里（一百九十哩），最高時速則可達到四百一十五公里（二百五十八哩）。其武裝最多能架設六挺機槍，載彈量最大為一千五百公斤（三千三百磅）。

He 111轟炸機的機腹吊艙又被機組員稱為「死亡之床」（Stertebett），通常架設一挺後射的7.92公釐MG 15機槍。儘管它的武裝不斷強化（包括換裝兩挺後射的7.92公釐MG 81機槍和一門前射的20公釐MG FF加農砲），但防禦火力仍嫌不足。更何況，機腹吊艙武器的射角十分有限，打不到由側翼下方襲來的英國戰鬥機。他們主要依賴緊密的飛行編隊，以交叉火網強化防禦力量。

He 111轟炸機的機腹特寫。照片清楚顯示其獨一無二的彈艙，炸彈是彈頭朝上垂直地存放，標準裝載量為八顆551磅（250公斤）SC 250型炸彈。

鬥機聯隊一個中隊的Bf 109戰鬥機至肯特郡執行自由獵巡任務，卻與正向上爬升的第501中隊颶風式狹路相逢。施歐菲爾命令其他的隊員保持飛航高度，只有在他要求出手的時候才予以掩護，然後便獨自衝下去迎擊對手。

施歐菲爾並非自負、魯莽的軍官，當時的情況中，單一戰鬥機較有機會不被察覺地溜進最佳的開火位置，而一群戰鬥機則肯定會被發現。他將Bf 109開到對手面向太陽的方位，再小心翼翼地繞至颶風式機群後方與下方的視線盲區。經過兩陣短暫卻精準的掃射之後，施歐菲爾成功驅離了英國戰鬥機編隊的兩架後衛。接著，他逼近其餘的颶風式尾部，並打下兩架，而且英國飛行員仍無法找出其所在位置。要不是施歐菲爾摧毀的最後一架颶風式的碎片打壞了梅塞希密特的螺旋槳，油料也沾污座艙罩，或許他還能擊落更多的敵機。當施歐菲爾脫離的時候，他的夥伴衝下來予以掩護，雙方又展開了一起纏鬥戰，可是並未分出勝負。

總而言之，施歐菲爾贏得一次漂亮的勝利，而且證明英國皇家空軍即使改變了戰術，但仍有許多地方尚待改進。

純粹是運氣而非策略上的推算，德國空軍的兩波轟炸機群皆在坎特伯里－馬蓋特一帶遭英國戰鬥機發現。德國轟炸機的機組員直到他們抵達塞文奧克斯（Sevenoaks）才見到護航的戰鬥機。這批轟炸機遇上守衛比根山與肯利的四個中隊，當日的戰局也開始白熱化。眼尖的第32中隊指揮官麥可．克羅斯利少校（Squadron Leader Michael Crossley），遠在七哩（十一公里）外就目擊來襲的轟炸機，於是立刻率領他的颶風式中隊展開正面攔截。

雷慕德．舒茲（Raimund Schultz）為一名德國戰地記者，他登上其中一架都尼爾轟炸機，幸運返回之後描述了當時的戰況：「第一架戰鬥機從左前方逼近，它就像胡蜂一樣突然出現在我們眼前，接著一下子便穿越了轟炸機編隊。我看見紅色的的曳光彈來回穿梭，什麼事情都發生得很快。」

一名颶風式的飛行員艾倫．艾克福德（Alan Eckford）少尉向一架都尼爾進行一陣掃射。在進攻之際，他僅有十分短暫的時間能夠瞄準射擊，然後就得使勁扳動操縱桿改變航線，以免與敵機相撞。飛過這架都尼爾的時候，艾克福特回頭觀望，只見轟炸機試圖拉起機首，卻像酒醉般地翻滾了半圈，接著便開始螺旋下墜。威廉．勞特薩克二級軍士長（Oberfeldwebel Wilhelm Lautersack）當時正趴在它的機腹吊艙內，操作後射的機槍。艾克福特擊出的一輪子彈打中機身之時，勞特薩克聽到劇烈的爆裂聲，隨著轟炸機螺旋地下降，由於受到G力的影響，他被「釘」在底板上。勞特薩克朝駕駛艙瞧了瞧，看見飛行員已經倒下，安全帶拉住他的身體，似乎沒有生命跡象。因為心生恐懼而得到

典型的英國皇家空軍戰鬥機基地：肯利

英國皇家空軍的肯利機場位在倫敦市中心南方約十三哩（二十．九公里）處，不列顛之役的初期階段，那裡是配備噴火式的第64中隊和配備颶風式的第615中隊之基地。這座戰鬥機基地的編制人員有三十名軍官、六百名飛行員與地勤人員和約一百名的空軍女兵。此外，為了防範敵機的空襲，亦有一百名左右的陸軍士兵進駐，包括防空砲兵和步兵。肯利機場總共部署了四門四十公釐博福斯砲、兩門過時的三吋（七十六．二公釐）防空砲及一些〇．三〇三吋路易士（Lewis）防空機槍與二十公釐西班牙廠（Hispano）地對空加農砲。

在一九三九年以前，肯利基地是一座僅鋪設草皮的機場，但為了進行全天候作戰，即修築了兩條八百碼（七百三十二公尺）長的混凝土跑道，戰鬥機無論由草地或混凝土跑道起降都很方便。另外，起降區周圍有一條總長約一哩半（二．四公里）的小徑環繞，而且每隔一段距離就會向外延伸（總共十二條），通往設置了護牆的戰鬥機停機坪。每一個停機坪皆有三面高八呎（二．四四公尺）的護牆，由磚塊砌成，中間亦築起一道護牆，從上方來看就像一個「E」字形，能停放兩架戰鬥機。肯利機場的停機坪可供二十四架戰鬥機使用，其他的飛機便只能隨意停放於空地上。在基地的南邊還設有四座機棚，以及維修站和行政中心，東邊則有防區戰情室。戰情室裡的管制官會引導肯利基地和克洛伊登附近機場的戰鬥機作戰。

德國空軍的錯誤情報

八月十七日的時候，德國空軍的情報單位發布關於英國皇家空軍戰鬥機指揮部最新戰力狀況的祕密評估：

「自一九四〇年七月一日至八月十五日，在作戰中已確認被我方戰鬥機或防空砲擊落，以及於地面上遭摧毀的敵方戰鬥機統計數量為：

噴火式：三百七十三架
颶風式：一百八十架
寇蒂斯：九架
挑戰式：十二架

除了這五百七十四架被摧毀的敵機之外，必定還有至少一百九十六架因意外、機械故障與戰損而迫降，導致墜毀或無法修復。所以，英國皇家空軍的戰鬥機總損失約七百七十架。

同一時期，英國的飛機工廠生產了二百七十架至三百架左右的新戰鬥機，因此對手的戰力估計減少四百七十架。七月一日的時候，英國皇家空軍擁有九百架現代化戰鬥機，所以到八月十六日只剩下四百三十架。假設妥善率為百分之七十，他們此刻僅有三百架戰鬥機隨時能夠出擊。

另外，尚未確認但根據先前可靠的情報，英國皇家空軍能夠作戰的戰鬥機目前的部署狀況如下：

英國南部與東南部〔瓦許—布里斯托海峽（Wash-Bristol Channel）一線以南〕：二百架
英國中部：七十架
英國北部與蘇格蘭：三十架」

在德國機密報告中所提的「寇蒂斯」（Curtiss）指的是美國寇蒂斯公司製造的鷹式（Hawk）75A型，法國空軍曾配備不少這款性能出色的戰鬥機。不列顛之役期間，德國空軍的作戰回報屢次提及鷹式75A型戰鬥機的出沒，但實際上英國皇家空軍於一九四〇年並未派出任何一架。

約瑟夫．史密德上校（Oberst Josef Schmid）做的英國皇家空軍戰力評估，僅僅簡單地將他認為敵方於七月一日所擁有的九百架戰鬥機，加上兵工廠生產的三百架，再減去作戰中折損的七百七十架，估算出對手只剩下四百三十架戰鬥機可抗衡德國空軍。

然而，史密德把複雜的問題太過簡化處理，導致估計數據大為失真。事實上，英國皇家空軍戰鬥機指揮部的力量在七月一日的時候，比史密德的估計還要弱一些——所有的中隊僅配備七百八十六架現代化的單引擎戰鬥機，整整少了一百一十四架。不過，德國空軍情報部門卻嚴重低估英國飛機工廠的生產力。從七月到八月中旬，他們總共製造出七百二十架左右的新戰鬥機，超過史密德估計的兩倍。

同一時期，英國皇家空軍戰鬥機指揮部一切因素造成的損失，亦非德國空軍宣稱的七百七十架，而是三百一十八架噴火式、颶風式與挑戰式。由於高估損失率和低估生產力，史密德對英國皇家空軍戰力的計算也就完全錯誤。到了八月中旬，戰鬥機指揮部所有的中隊配備超過一千架的現代化戰鬥機，而且妥善率高達八百五十架，另外還有三百架停放在維修廠，很快即可投入前線，替補作戰單位的損失。

因此，英國皇家空軍日間戰鬥機部隊的力量於八月中旬的時候，是史密德估計的兩倍。史密德以為戰鬥機指揮部業已遭受重創，到了九月的第一個星期，甚至推算敵人只剩下最後一批的戰鬥機武力，而且瀕臨崩潰邊緣。如果德國空軍的資深將領按照這樣的結論制定作戰計畫，肯定會對英國皇家空軍的生存韌性大感震驚。

力量，這名軍士長緩慢爬向機腹吊艙的逃生口，並費力地打開艙蓋，然後翻滾身體，跌出註定毀滅的轟炸機。勞特薩克遲疑了許久才回過神來，拉動開傘索。降落傘猛然地張開，他也終於保住一命。

與此同時，第64中隊的隊長，唐納德．麥克唐納（Donald MacDonell）正率領他的噴火式中隊從高空而下，迎擊同一批Do 17轟炸機群。他回憶：「我當時喊了一句簡短的口號，即『弗利瑪中隊（Freema Squadron，第64中隊的無線電呼叫代號），惡棍在下面！呔呵！』然後我們展開大迴旋，衝下去攻擊他們，並睜大眼睛，留意如影隨形的德國戰鬥機前來打擾。」麥克唐納設法繞到其中一架護航的Bf 110後方，接著開火迅速掠過這款動作遲緩的雙引擎重型戰鬥機。「我看到它急遽地往下墜落，兩具引擎都冒出濃煙。」不久，

都尼爾Do 17Z型轟炸機

都尼爾Do 17型轟炸機有時又被稱為「飛行鉛筆」（Fliegender Bleistift），其設計是作為一款快速轟炸機或輕型轟炸機。理論上，快速轟炸機的速度必須夠快，以逃避戰鬥機的追擊，但現代化的單翼戰鬥機幾乎都能輕易追上他們。

不列顛之役期間，Do 17和He 111與Ju 88並肩作戰，由於該機的低空機動性能優越，相當受到機組員歡迎，而且非常適合擔任奇襲的角色。它雅緻、纖細的機身亦較不易被命中，其他德國轟炸機的機身面積就大得許多。Do 17可搭載四名機組員：駕駛、投彈瞄準手兼機首機槍手和兩名機槍手。這款快速轟炸機的時速最高可達四百二十六公里（二百六十五哩），武裝為六挺七．九二公釐MG 15機槍，但機首玻璃罩下方的機槍經常換裝一門二十公釐MG FF或MG 151加農砲，最大載彈量則為一千公斤（二千二百零五磅）。

第3轟炸機聯隊的聯隊本部（Geschwader Stab）進行維修檢查期間，這架Do 17Z轟炸機的左舷引擎正在做運轉測試。

加貝爾曼（Gabelmann）少校是第3轟炸機聯隊第4替補大隊（IV.(Erg)/KG 3）的指揮官，他與他的機組員在圓滿完成一項任務之後，於Do 17Z轟炸機前留影。不列顛之役期間，加貝爾曼指揮第3轟炸機聯隊第1大隊，但不久即成為替補大隊（Ergänzungsgruppe）的第一任隊長。該大隊於比利時的須芙赫（Chievres）編成，成立時間不是在1940年10月，就是在1941年5月。

雖然第100轟炸機大隊（KGr 100）主要配備亨克爾He 111轟炸機，但一小批的都尼爾Do 17Z轟炸機亦交給該單位操縱。照片中這架編號6N+JT的Do 17Z可能隸屬於第100轟炸機大隊的替補小隊（Ergänzungskette），該小隊於1940年8月24日編成。

一架第76轟炸機聯隊第9中隊的都尼爾Do 17型轟炸機。該機的機鼻下方還加裝了一門20公釐MG FF型加農砲，用來掃射地面目標。

這張照片是在1940年8月16日下午，由第76轟炸機聯隊一架都尼爾Do 17上的機組員所拍攝，顯示十架颶風式戰鬥機正向上爬升，準備進行攔截，他們幾乎可以確定是隸屬於第111中隊，該單位很快就向轟炸機群發動迎頭痛擊。其中一架颶風式還與一架都尼爾相撞，兩架飛機都墜毀在馬爾登（Marden）附近，機上無人生還。

第610中隊的噴火式和第615中隊的颶風式也加入了戰局。

另一方面，第76轟炸機聯隊第9中隊的九架Do 17轟炸機此時越過了比奇岬（Beachy Head）附近的海岸，由南朝肯利飛去。都尼爾行經布爾葛瑞斯山（Burgress Hill）的小市集之際，站在街道上的居民就像被黏住了一般，凝視著低飛的轟炸機。其中一架都尼爾的駕駛，君特．烏恩格爾下士（Unteroffizier Günther Unger）回想起當時的情況：「一開始，他們以為德國的轟炸機不會飛得這麼低，所以不把我們當成敵人。可是很快地，當他們瞧見機翼下的大型十字標誌，便開始四處逃竄，尋求掩蔽。」

第9中隊的都尼爾轟炸機以超低空飛行，未受干擾地飛抵肯利，但他們仍無法出奇制勝。因為，當德國轟炸機飛越索塞克斯（Sussex）與索利（Surrey）上空的時候，英國「觀測隊」（Observer Corps）的警戒站便持續回報他們的行蹤。這個觀測隊是由民間人士組成，駐守在各地的警戒站，而且大部分的哨所都會配備通訊設備和測量儀器。一旦觀測隊的隊員目擊到敵機，就會回報其方位給鄰近的警戒站，如此一來即形成一張嚴密的監控網絡。所以，都尼爾轟炸機發動攻擊之際，肯利基地的防衛者亦已做好萬全的準備來迎戰敵人。

當入侵的轟炸機開始爬升，試圖清除肯利機場南邊樹林的視線障礙時，英軍的防空砲立刻朝他們開火。烏恩格爾下士回憶：「輕型防空砲的砲彈和防空機槍的子彈如下冰雹般地射向我們，紅色的曳光彈不斷從旁邊飛過，我不得不把飛機降得更低。」

另一位都尼爾轟炸機的駕駛，舒馬赫（Schumacher）下士看著引導機將炸彈砸向一座機棚：「其他的炸彈則沿著機場跑道彈跳，就像橡皮球一樣。接著炸彈炸了開來，三座機棚如火柴棒搭成的房子垮下……爆炸聲一陣一陣地響起，火焰與濃煙直衝雲霄，

約阿辛姆．羅特（Joachim Roth，照片右）上尉是第76轟炸機聯隊第9中隊的指揮官，他在1940年8月18日率領一批都尼爾Do 17轟炸機向肯利發動低空攻擊。魯道夫．蘭伯第（Rudolf Lamberty，照片左）中尉則是當天作戰的引導機駕駛。

第76轟炸機聯隊第9中隊的都尼爾Do 17轟炸機，正以超低空逼近比奇岬海岸。這兩張照片是在1940年8月18日，第9中隊對肯利發動低空攻擊之前所拍攝。

彷彿我的飛機快要被某個巨人抓住了一般。金屬碎片與石塊噹啷噹啷地打中機身，某塊東西還重擊到我的背部，幸好我有穿防彈背心。在機艙內，碎玻璃也四處亂飛，而且彌漫一股磷和纜線燒焦的味道。」

低空飛行的九架Do 17轟炸機予以肯利機場毀滅性的打擊，但他們也付出慘痛的代價。其中一架都尼爾立刻被防空砲摧毀，墜落在機場旁邊；另一架亦遭擊中起火；還有兩架的一具引擎停止運轉；而一架轟炸機的駕駛傷勢相當嚴重，領航員不得不接手操縱；剩餘的四架則分別受到輕一點的損傷。不久，第111中隊的颶風式現身，再次重創他們。起火的那一架都尼爾迅速被擊落，其他的轟炸機也進一步承受程度不同的損壞。

另一方面，德國空軍於高空飛翔的轟炸機亦蹂躪了肯利與比根山基地。當轟炸機撤離的時候，他們與護航的戰鬥機和六個剛抵達戰場的噴火式與颶風式中隊又展開追擊戰，幾乎一路打到法國海岸。戰鬥告一段落之際，德國空軍總共損失了二十一架戰機，英國皇家空軍戰鬥機指揮部則有十七架於空戰中折翼，另有五架在地面上遭摧毀。

肯利機場在十八日的空襲期間慘遭重創，四座機棚的其中三座被夷為平地，而且起降區滿是彈坑，該基地的戰鬥機不得不轉往其他機場，直到大彈坑被填平和未爆彈清除完畢。到了第二天，肯利機場即可完全運作，而比根山基地雖然遭受六十架轟炸機的攻擊，卻沒有多大的損壞，能夠繼續供戰機起降。

正當第76與第1轟炸機聯隊的雙引擎轟炸機返回

基地之際，德國空軍又發動第二次的大規模空襲。從第3與第77俯衝轟炸機聯隊調來的一百零九架Ju 87斯圖卡緩緩起飛，航向英國南部，目標為果斯波特（Gosport）、福特（Ford）與托爾尼島（Thorney Island）的機場和波林（Poling）的雷達站，由超過一百五十架的Bf 109戰鬥機予以護航。再次地，入侵者一飛出法國北海岸即遭英國的雷達發現，五個中隊的六十八架噴火式與颶風式戰鬥機立刻升空攔截。

入侵部隊的先鋒一跨越海岸，英國皇家空軍的戰鬥機中隊即飛往攔截區。在波格諾爾（Bognor）海濱空地站哨的「英國皇家陸軍勤務隊」（Royal Army Service Corps, RASC）二等兵亞瑟·辛德爾（Private Arthur Sindall）凝視著令人畏懼的德國俯衝轟炸機，從他頭頂上飛過。辛德爾回想當時的情景：「他們（斯圖

君特·烏恩格爾下士，為第76轟炸機聯隊第9中隊Do 17轟炸機的駕駛。他參與了低空轟炸肯利機場的行動，而且倖存下來。

君特·烏恩格爾下士駕駛的Do 17轟炸機飛越了比奇岬附近的海岸，背景則是當地的小鎮席福德（Seaford）。鄰機的陰影透露出他們的飛行高度大約只有60呎（18公尺）而已。

肯利機場的北邊。這張照片是在攻擊之際拍攝，可以看見加農砲的砲彈於一座防空陣地四周炸開。護牆內的噴火式戰鬥機隸屬於第64中隊，它在這次行動中也蒙受損壞。

索利附近的低空戰鬥

一九四〇年八月十八日，第76轟炸機聯隊第9中隊的九架Do 17轟炸機對英國皇家空軍的肯利基地發動低空轟炸之後，即遭第111中隊的颶風式戰鬥機攻擊。哈利．牛頓（Harry Newton）中士操縱的颶風式迅速飛越機場，他發現一架低飛的都尼爾轟炸機，便追了過去，並將戰鬥機游移至適當的開火位置。這架Do 17正是君特．烏恩格爾下士所駕駛，該機的一具引擎已被防空砲擊毀。

牛頓見到曳光彈從他打算追擊的轟炸機背後襲來，卻認為對手的防禦力量十分薄弱：「我當時在想，『你有一挺機槍，可是我有八挺，你沒有機會贏我！』於是，我瞄準這架都尼爾，然後開火，但只見曳光彈由它的右翼上方掠過。」

都尼爾轟炸機的機背機槍手法蘭茲．柏格曼（Franz Bergmann）下士還擊，子彈不偏不倚地打中了颶風式的引擎和燃料箱。

牛頓繼續說：「我以為，只要再做一下調整，就能打下敵機，可是一瞬間他便打中我了，而且駕駛艙前開始竄出火舌……不過，我很懊惱德國轟炸機要逃跑，所以又把手伸回火舌中，抓住操縱桿，調整機身，然後朝我認為都尼爾的所在位置進行一長串的射擊。」

接著，牛頓將他的颶風式機鼻拉起，幾乎是垂直地爬升，以達到安全的跳傘高度。為了保護眼睛，他一直緊閉雙眼，而駕駛艙前的火勢已燒穿了他的三層手套、飛行衣與褲子。在爬升的過程中，戰鬥機的速度急遽下滑，不久引擎停止運轉，牛頓猛力將操縱桿向前推，然後爬出駕駛艙，並拉動開傘索。「我張開眼睛的一剎那，看見颶風式的尾翼從我右耳旁掠過，距離大約只有一呎（三十公分）而已。一會兒，我才意識到降落傘已經打開，地面迎向我而來。」

都尼爾轟炸機的機組員清楚看見燃燒的敵方戰鬥機向上爬升，還有飛行員跳傘逃生的景象，卻沒有時間洋洋得意地望著他落地。因為，牛頓孤注一擲的最後一擊又重創了轟炸機，雖然它飛離英國海岸，可是不久另一具引擎也失去動力，烏恩格爾不得不進行迫降。機組員在海上漂流了三個小時，差一點因曝曬脫水而死，幸好一艘德國巡邏艇經過，他們才得以獲救。

英國皇家空軍第111中隊的哈利．牛頓中士和他的颶風式戰鬥機。君特．烏恩格爾下士駕駛的Do 17轟炸機一離開目標之後，立刻遭牛頓操縱的颶風式攻擊。牛頓企圖打下敵機，卻反遭都尼爾的後射機槍手，法蘭茲．柏格曼下士擊落。不過，牛頓幸運地能夠從失火的駕駛艙中跳傘逃生。

在本書作者的牽線下，哈利．牛頓（照片中央）與兩位過去的敵人一同合影。他正向當時Do 17轟炸機的駕駛，君特．烏恩格爾（照片左）和擊落他的後射機槍手，法蘭茲．柏格曼（照片右）說明事情的經過。

這張廣為刊登的照片顯示一架墜落的都尼爾Do 17轟炸機，卻經常沒有附帶說明。事實上，該機隸屬於第76轟炸機聯隊第1大隊，在1940年8月18日高空轟炸肯利基地的行動中，遭第32中隊的颶風式飛行員，艾倫．艾克福德少尉擊落。這架Do 17轟炸機的右舷引擎起火，正進行小角度的俯衝，最後墜毀在索利郡的奧克斯泰德（Oxted）附近。

威廉．勞特薩克中士當時即待在上方照片的都尼爾Do 17轟炸機內，擔任航空技師兼機腹吊艙機槍手。只有他和另一名機組員跳傘逃生，然後淪為俘虜。

在本書作者的牽線下，艾倫．艾克福德（照片右）與威廉．勞特薩克在1979年於倫敦漢頓（Hendon）的「英國皇家空軍博物館」中友好會面。

卡）完美地列隊飛行，翼尖碰著翼尖，就好像在進行軍旗敬禮分列式一樣，相當令人肅然起敬。翼下黑白相間的十字標誌清楚可見。」

第27戰鬥機聯隊的尤里烏斯．諾伊曼（Julius Neumann）中尉，駕駛其中一架護航的Bf 109戰鬥機，他回憶：「我看見一些小斑點從北方不調和的霾裡隱約浮現：英國戰鬥機！我警告我的中隊，然後飛過去與對手交戰。」不過，梅塞希密特戰鬥機來不及阻止第43與第601中隊的十八架颶風式痛擊一群斯圖卡。法蘭克．凱爾利（Frank Carey）上尉領導這一起攻擊行動，他對一架俯衝轟炸機猛扣扳機，擊出一長串的子彈，敵機即冒出火焰向下墜落。柯利佛德．格雷（Clifford Gray）少尉亦掃射另一架斯圖卡，只見它的機身下方爆出火花，卻仍繼續飛行。於是格雷向前逼近，進行五秒鐘的射擊，他的受害者便急遽落下，墜毀在紐特伯恩（Nutbourne）附近。

約翰尼斯．威廉（Johannes Wilhelm）中尉朝他的眼角一瞥，即看見三架英國戰鬥機迅速飛過他的斯圖卡。威廉沒有時間察看對手下一步會採取什麼樣的動作，繼續專注地保持隊形，並透過駕駛艙底板的窗口觀察目標。當威廉正要進行垂直俯衝轟炸之際，鄰機突然起火且脫離編隊，但他仍不為所動。然而轉眼間，威廉的斯圖卡引擎發出一陣巨響，機身也開始搖晃，大量的漏油噴向後方，沾污了整面擋風玻璃。更令他倉皇失措的是，駕駛艙內很快就充滿煙霧——飛機失火了。於是，威廉扭動操縱桿，將機身翻轉半圈，使機腹朝上，然後對他的夥伴大喊「Raus」（德文出去之意）！威廉將飛行員座艙罩向後滑動，結果一團油漬立刻打在他臉上，幾乎把他弄瞎。幸好，兩名機組員一一解開安全帶，順利逃離註定毀滅的斯圖卡。

都尼爾Do 17轟炸機的殘骸，它燒毀在肯利機場附近。該機是由約阿辛姆・羅特上尉所駕駛，遭肯利機場的防空砲命中後即起火燃燒，再被第111中隊的颶風式擊落。機上的五名成員全部負傷，並淪為戰俘。

在肯利機場的攻擊行動中，一架第615中隊的颶風式戰鬥機嚴重受損，拍攝於1940年8月18日。這場空襲期間，第615中隊共有四架颶風式在地面上被摧毀。

肯利機場的濃煙直衝雲霄。這張照片是從該機場東北方2哩（3.2公里）的考爾斯登（Coulsdon）拍攝。

1940年8月18日，德國空軍對英國皇家空軍戰鬥機指揮部的肯利基地發動低空與高空聯合轟炸，那裡的機棚幾乎被夷為平地。

這架第609中隊，編號PR-H N3024的噴火式I型戰鬥機在1940年8月14日於威茅斯（Weymouth）附近失事。當天，第1教導聯隊第1中隊（1./LG 1）的Ju 88轟炸機群向中瓦洛普（Middle Wallop）發動毀滅性的奇襲，亨利·「麥克」·古德溫（Henry “Mac” Goodwin）中尉駕駛該機緊急升空應戰（他宣稱在前兩天的戰鬥中擊落三架敵機），並航向南方，卻從此消失蹤影。古德溫獨自出擊，他幾乎可以確定是被敵方戰鬥機打下，因為不久之後有人看到一架噴火式墜毀在多塞特郡（Dorset）的巴斯康碼頭（Boscombe Pier）外海。儘管飛行員跳傘逃生，可是未能找到他的位置。十天以後，古德溫的屍體被沖上懷特島岸邊。這張照片顯示準備好出動的N3024號噴火式戰鬥機和地勤人員，拍攝於1940年8月初的中瓦洛普機場。停在它右後方的則是編號PR-G L1096的噴火式I型，後者於第609中隊旗下服役了一段時間，然後轉調給英國皇家海軍艦隊航空隊。

巴希爾·華爾（Basil Whall）中士服役於英國皇家空軍第602中隊，不列顛之役期間創下六次擊殺紀錄，另外兩架則是與隊友共同擊落。他在1940年10月7日於作戰中陣亡。

這架容克斯Ju 87俯衝轟炸機即是被巴希爾·華爾中士擊落，拍攝於1940年8月18日。

英國皇家空軍第609中隊的噴火式戰鬥機。這兩張照片拍攝於不列顛之役初期，可能是該單位仍以沃姆威爾（Warmwell）為基地的時候所攝，他們後來轉調到中瓦洛普基地。

第234中隊的羅伯特・多（Robert Doe）少尉（照片左）於1940年8月18日的行動中擊落一架Bf 109戰鬥機。他操縱噴火式共創下十一次擊殺紀錄，另外兩架則是與隊友共同擊落。1940年9月，羅伯特・多轉調到一個颶風式中隊，後來又打下三架敵機，而且在大戰中倖存了下來。

容克斯Ju 87型俯衝轟炸機

不列顛之役期間，容克斯Ju 87型「斯圖卡」是德國空軍主要的俯衝轟炸機，可搭載兩名機組員：一名飛行員與一名無線電操作員兼後射機槍手。它在編隊飛行時的巡航速度為每小時二百四十一公里（一百五十哩），最大速度則可達到每小時三百八十三公里（二百三十八哩）。該機的機翼裝置兩挺七．九二公釐MG 17型固定式前射機槍，座艙後方亦可架設一挺七．九二公釐MG 15型機槍。一般的載彈量則是於機身掛架下方掛載一顆二百五十公斤（五百五十磅）SC 250型炸彈和在兩翼下掛載兩顆五十公斤（一百一十磅）SC 50型炸彈。

二次大戰初期，德國空軍的Ju 87型俯衝轟炸機密接支援地面部隊作戰，其高水準的打擊效率令敵人聞風喪膽，甚至引發所謂的「斯圖卡恐慌」（Stuka Fright）。然而，這必須是在德國空軍掌握制空權的情況下，他們才能發揮戰力。事實上，行動遲緩的斯圖卡很容易被戰鬥機擊落。

這兩張Ju 87斯圖卡機身投彈機制的特寫照片展示，它釋放炸彈之前，掛架會向下擺動，如此一來，當斯圖卡進行幾乎是垂直的俯衝攻擊之際，投擲的炸彈才不會打到螺旋槳。該機印著第2俯衝轟炸機聯隊第3中隊的隊徽，黃色的圓圈內畫了一張上黃下紅的盾牌，還有一隻黑鷹站在一個鐵十字標誌上。這個圖案亦與布勒斯勞（Breslau）的徽章相仿，第2俯衝轟炸機聯隊第3中隊就是於該市編成。

第2俯衝轟炸機聯隊第1大隊的容克斯Ju 87斯圖卡，該單位的隊徽是一隻蘇格蘭獵犬。這架斯圖卡為大隊長胡伯圖斯·希屈霍德（Hubertus Hitschhold）少校的座機。

英國皇家空軍的軍官正在檢視一架斯圖卡的殘骸之際，一群民眾也好奇地圍觀。這架容克斯Ju 87B型為第2俯衝轟炸機聯隊第3中隊四架斯圖卡的其中之一，於1940年8月16日空襲譚密爾（Tangmere）機場期間遭到擊落。

「不幸的舊比根慘遭重創……」

「一九四〇年八月三十日星期五，不幸的舊比根慘遭重創。當天，我們坐在食堂內飲茶，突然間擴音器尖聲地播報：『找掩護，敵機逼近航空站！』我們狂奔到最近的避難所，可是沒有任何事情發生，所以便回來繼續喝茶。不久，又有兩次假警報，第四次警報響起的時候，我們懶洋洋地站起來，緩步走向室外，只見七架布倫亨式（Blenheim）於南方約一哩（一・六公里）處排成一線飛行。

突然，帶隊的『布倫亨』向右急轉彎，並開始朝我們俯衝。大家如閃電般地躲進避難所，幾秒鐘後便傳來一陣近似特快列車鳴笛的聲響，接著『轟砰』，一顆炸彈落在三十碼（二十七公尺）外的路面上，當時我真的以為我的死期到了。

等所有的『轟砰』聲平息之後，我們走出避難所察看究竟。幾棟建築物遭摧毀，其中一顆炸彈擊中一座混凝土避難所，裡頭約三十名士兵和幾名『空軍婦女輔助隊』（Women's Auxiliary Air Force, WAAF）的成員全數喪生。『79』（第79中隊）大部分的人幸運逃過一劫。警報一響起，他們就坐上亨伯（Humber）旅行車，到對面疏散。當旅行車經過『32』（第32中隊）機棚後方的時候，空軍婦女輔助隊的女駕駛即察覺敵機來襲。她趕緊停車，並叫所有人進入一座距離他們十碼（九・一公尺）的避難所。最後一批人（車內約有十人）剛走進避難所之際，一顆炸彈正好落在亨伯旅行車旁邊，將整輛車炸上七十呎（二十一公尺）高的天空，然後重重地墜落。它砸穿了機棚的棚頂，四腳朝天地摔在混凝土地板上。」

麥可・克羅斯利的日記

1940年8月18日，比根山基地遭到轟炸。後來，英國皇家空軍婦女輔助隊的軍械士，伊麗莎白・莫提梅爾（Elizabeth Mortimer）中士因安全拆除幾顆散布於該機場的未爆彈，而獲頒「軍隊獎章」（Military Medal）。

隨著其他的俯衝轟炸機對目標發動攻擊，颶風式亦緊跟在他們之後。儘管Ju 87於巡航的時候容易被擊落，但在俯衝的情況下，卻相對不受傷害，因為其速度可由機翼前緣下的俯衝制動板來控制。法蘭克・凱爾利說明：「斯圖卡於俯衝時非常難命中，戰鬥機的加速度太快，一瞬間就會飛越對手。不過，他們無法永遠俯衝下去……。」

第77俯衝轟炸機聯隊的奧圖・施密特（Otto Schmidt）中尉向托爾尼島機場的機棚投下炸彈後，正準備脫離俯衝狀態。此刻，他察覺後方有東西逼近，而且影像愈來愈大——敵方戰鬥機！很快地，施密特了解為何後射機槍手沒有開火，因為他不幸的夥伴已倒在血泊之中。由於施密特太過專注俯衝攻擊，沒有注意到他的座機已被擊中。他將斯圖卡緊急滑向側邊，英國戰鬥機便迅速超越了過去。

一名英國家庭主婦，艾美莉亞・索普（Amelia Sop）就住在托爾尼島機場附近的紐特伯恩。德國空軍的斯圖卡從她家屋頂飛過之際，她正躲在樓梯下吃午餐。艾美莉亞可以聽到屋外戰機俯衝而下的呼嘯聲、機槍射擊的嗒嗒聲和炸彈爆炸時的砰砰聲。接著她又聽見不同的聲音——人的喊叫聲。她小心翼翼地挨近廚房的窗戶一窺究竟，然後對映入眼簾的不協調景象放聲大笑。艾美莉亞鄰居的八歲兒子正站在庭院倉庫上面，為英國戰鬥機喝采，而他母親則站在倉庫旁邊，叫兒子快點下來，躲進屋裡。為了避免被如雨下的砲彈碎片、彈殼或失去動能的子彈打到，這位母親還拿著白色的圍裙遮蓋自己的頭部。

當入侵者正要離去的時候，其他的英國戰鬥機中隊加入了戰局，並與對手短兵相接。從波格諾爾至果斯波特約二十五哩（四十・二公里）長的海岸地帶成為混亂的戰場，雙方超過三百架的戰機相互纏鬥，彼此皆企圖打下或是避開敵機。

這架第2俯衝轟炸機聯隊第3中隊的容克斯Ju 87B型斯圖卡，或許是於1940年8月在法國的聖馬洛（St. Malo）拍攝。雖然第2俯衝轟炸機聯隊第3中隊所配給的徽章樣式為一個黃色圓圈，裡面彩繪著一隻蘇格蘭獵犬，但該單位還有另一款隊徽，即布勒斯勞市的盾形徽章（如照片所示）。這架斯圖卡以樹枝作為偽裝，而且掛載好了炸彈，隨時可以出擊。注意右起落架整流罩上的字母「H」，代表某一名飛行員的個人座機。

第152中隊的戴瑞克・波伊特爾—吉爾（Derek Boitel-Gill）上尉飛越懷特島上空之際，命令該中隊的十一架噴火式跟在他後方排成一線，然後率領他們捲進這起激烈的纏鬥戰。波伊特爾對一群正航向南方的德國俯衝轟炸機發動攻勢，瞄準其中一架猛扣扳機達四秒鐘，受害者便直接墜入海裡。艾瑞克・馬爾斯（Eric Marrs）少尉緊跟在隊長後面，他說：「我們向斯圖卡俯衝，他們下降到距離海平面一百呎（三十・三公尺）的高度，接著就在海上展開追逐戰。對手的閃避措施是將節流閥往後推，並且向左與向右急轉彎，如此一來我們便會迅速超越他們，無法緊咬不放。然而，由於斯圖卡的數量很多，即使一架擺脫了糾纏，還是可以追擊其他的敵機。」

馬爾斯對幾架俯衝轟炸機進行一連串的掃射，只見其中一架的左翼開始漏油並起火燃燒，然後便撞進海裡。「當我的子彈用罄，並轉向準備返航之時，我發現一架Bf 109從尾方追來。我緊急轉彎，敵機朝我前方開火，一長串的曳光彈從眼前飛過，我的戰鬥機似乎要直接穿越他們。不過，子彈畢竟沒有擊中。我繼續奔回基地，因為彈藥打完了留下來戰鬥根本沒有意義。」

在第二次的大規模空襲中，德國空軍失去了二十四架戰機，而英國皇家空軍戰鬥機指揮部則僅有五架折翼。不過，福特與果斯波特機場還有二十架英國戰機於地面上被摧毀，但他們並不隸屬戰鬥機指揮部。雖然斯圖卡部隊蒙受高昂的損失，卻也重創了目標，福特機場更是好幾個星期無法運作。

十八日下午稍晚，德國空軍展開當天第三次的大規模空襲行動。第2轟炸機聯隊的五十八架都尼爾Do 17型和第53轟炸機聯隊的五十一架亨克爾He 111型分別進攻宏恩卻奇與北威爾德的英國皇家空軍戰鬥機基地，

一架Ju 87斯圖卡即將墜毀在契徹斯特（Chichester）附近的西布洛伊爾（West Broyle），拍攝於1940年8月18日。機上兩名成員當場喪生。

由一百五十架的梅塞希密特Bf 109型與Bf 110型予以護航。英國方面則有十五個中隊的噴火式與颶風式緊急起飛應戰。

當德國空軍的轟炸機群逼近英國海岸之際，第32、第54、第56與第501中隊便和對手交火。第56中隊的茵納斯·威斯特馬寇特中尉（Flying Officer Innes Westmacott）操縱颶風式戰鬥機，他回憶目擊敵機時的情景：「我們向上爬升穿過一片雲層，就突然發現他們。我得說，我有點被嚇到，這是大舉入侵！」

指揮官「米尼」·曼頓（“Minnie” Manton）少校將第56中隊分成四個小隊，並命令其中三個小隊攻擊轟炸機群，他則率領一個小隊牽制護航的Bf 110戰鬥機。曼頓設法繞到一架護航機的尾部，然後一陣掃射，只見這架梅塞希密特的引擎散熱器破裂，漏出大量的甘醇，急速墜向南方。

與此同時，威斯特馬寇特遭到其他Bf 110護航機的追擊。「附近有一大群『梅塞希密特110』，他們似乎皆衝著我而來！無論我轉向何方，都有敵機朝我開火。我飛向一片雲層，企圖尋求掩蔽，不幸的是，這片雲層實在太小，所以一下子就飛了出去，而且發現梅塞希密特仍然在外圍徘徊。曳光彈不斷從我耳旁飛過……我沒有看見任何

第77轟炸機聯隊第1大隊的指揮官，赫爾伯特·麥瑟爾（Herbert Meisel）上尉。他在1940年8月18日空襲托爾尼島機場的行動中陣亡。

1940年8月18日，位於福特的英國皇家海軍航空站遭Ju 87斯圖卡重創之後，引發熊熊大火。

一架僚機。很顯然地，我必須趕緊脫離困境。」

威斯特馬寇特翻滾他的颶風式一百八十度，然後向下進行幾乎是垂直的俯衝，戰鬥機的針狀風速管指示器已超出時速三百五十哩（五百六十三・三公里）的上限——或許實際速度已達到每小時四百五十哩（七百二十四・二公里）。「座艙罩外狂風的呼嘯聲幾乎壓過了引擎的噪音……感覺上，操縱桿好像被牢牢地鎖住！」眼看大海迅速迎面而來，威斯特馬寇特使勁猛拉操縱桿，強大的G力令他快要失去知覺。「我祈禱飛機不會解體，最後真的成功了！」鋌而走險的俯衝之舉終於讓威斯特馬寇特擺脫追擊者的糾纏。

當其他的颶風式牽制住德國護航機之際，第56中隊的「司奎克」・偉佛（“Squeak” Weaver）中尉得以逼近轟炸機群。他單挑編隊最後方左側的亨克爾轟炸機，並猛扣扳機長達十秒鐘，接著便因一架Bf 110從他尾部襲來而不得不中斷攻擊。

偉佛所攻擊的這架He 111是由第53轟炸機聯隊的華爾特・賴伯爾少尉（Leutnant Walter Leber）駕駛。從駕駛艙內，賴伯爾根本看不見來襲的颶風式，直到後射機槍手對他叫嚷有敵機，並噠噠地擊出一連串的子彈，他才知道發生了什麼事情。亨克爾轟炸機的機槍手們還以顏色，曳光彈如線條般地打向英國戰鬥機。然而幾秒鐘後，德國飛行員發現右舷引擎的溫度表開始上升，不久就達到危險的程度——發動機的冷卻系統被擊中了！

賴伯爾關掉右舷引擎，並調整螺旋槳的葉面與飛行方向平行，然後試圖跟上隊伍，但他打從一開始即了解此乃不可能的事，這架亨克爾也很快地脫隊。落單的轟炸機就像「待宰的鴨子」一樣，沒多久便會引來英國戰鬥機的追殺。第54中隊的「約翰・威利」・霍普金（“John Willie” Hopkin）少尉乘機衝了過去，並對He 111開火長達九秒鐘，擊毀它的另一具引擎，而且打傷三名機組員。賴伯爾設法穩住轟炸機，最後成功迫降到弗尼斯島（Foulness Island）上。

第77轟炸機聯隊的奧圖・施密特中尉從空襲托爾尼島機場的行動中幸運歸來，但他的後射機槍手卻慘遭英國戰鬥機擊斃。

正當德國轟炸機群飛進英國本土之際，令人捉摸不定的天氣卻妨礙了他們的行動，其影響比任何人為的防禦措施還要有效。在微風徐徐地吹拂下，又厚又低的雲層從西北方飄來，掩蓋了兩座英國機場，使得入侵部隊無法找到目標，不得不打道回府。

德國轟炸機返航途中，遇上更猛烈的攻擊。彼得・湯森德（Peter Townsend）少校率領第85中隊的十三架颶風式，企圖攔截轟炸機群，可是遭到敵方護航機的阻撓。他向擋路的一架Bf 110開火，只見該機螺旋下墜，消失在汪洋大海之中。

第17中隊的約翰・艾瑟靈頓中士（Sergeant John Etherington）操縱一架颶風式戰鬥機，經歷

這是德國空軍轟炸福特機場之後，由偵察機所拍攝的照片，顯示火勢延燒的範圍。

戴瑞克．波伊特爾－吉爾上尉於1940年8月18日率領第152中隊的噴火式戰鬥機，重創了一群正要返航的Ju 87斯圖卡。

了這起令他難忘的戰鬥。艾瑟靈頓描述：「當時我完全搞不清楚狀況。我正朝某一個方向發動攻擊，可是其他的中隊卻從反方向衝過來。我對一架『梅塞希密特110』開火，而且幾乎要和一架緊追同一敵機的英國戰鬥機相撞。此時，我發現有人在追擊我，曳光彈由後方打來，但我沒有進行迴轉察看究竟是誰在攻擊我，而是朝一架『109』開了幾槍，然後一切就這麼結束了。前一刻，天空中才充滿戰鬥機相互追逐，可是下一刻大家便消失得無影無蹤，簡直像做夢一樣！」

這起轟炸宏恩卻奇與北威爾德機場的行動期間，德國空軍損失了十四架戰機，而英國皇家空軍則有九架折翼。

在八月十八日的三次大規模空襲和無數起的小規模行動中，德國空軍總共有六十九架各型戰機遭到摧毀或無法修復。英國皇家空軍戰鬥機指揮部則有三十一架噴火式與颶風式於空戰中被擊落或報廢，還有七架在地面上遭炸毀。另外，德國空軍的轟炸機亦對其他單位的基地（如轟炸機指揮部和海軍航空隊）發動攻擊，導致二十九架英國軍機被毀，但他們都不是戰鬥機。

至於人員損失方面，英國皇家空軍於十八日這一天就有十一名戰鬥機飛行員陣亡，另十九名負傷送醫。德國空軍的機組員則有九十四人喪生，二十五人負傷，另有四十人淪為戰俘。相形之下，德國的戰機損失將近是英國皇家空軍戰鬥機指揮部的兩倍，而陣亡、重傷與被俘的人數也幾乎達到英國戰鬥機飛行員傷亡數的五倍。許多人評論，戰鬥機指揮部失去不少飛行員乃他們在不列顛之役期間，作戰行動受限的主要原因。不過，即使德國空軍的進攻部隊再怎麼強大，訓練有素的機組員之損失，對其影響與傷害是更加嚴重。

在十八日的空戰中，雙方皆誇大擊落的敵機數量。德國空軍宣稱於空中和地面上摧毀一百四十二架敵機，擊殺與損失比正好超過三比一；英國則聲稱對手有一百二十三架遭到戰鬥機擊落，另十五架為防空砲打下，擊殺與損失比為二比一。

經過十八日的慘重損失之後，德國空軍的容克斯Ju 87斯圖卡部隊於這場戰役中就不再扮演重要的角色。況且，俯衝轟炸機是德國主要的反艦利器，他們必須保留戰力，以便在兩棲登陸戰展開的時候，對抗英國皇家海軍。另外，第76轟炸機聯隊第9中隊的都尼爾Do 17於低空轟炸肯利機場期間慘遭重創（四架被擊落，其餘五架全數負傷），因此德國空軍的轟炸機單位亦不再進行這樣的突襲。

在十八日與先前的行動中，梅塞希密特Bf 110驅逐機如同英國的波頓．保羅挑戰式雙座戰鬥機一樣，證明無法與速度飛快、機動性又高的單座戰鬥機匹敵。然而，戰鬥機指揮部的第一線戰機當中，挑戰式僅占少數，但Bf 110卻占了德國空軍戰鬥機部隊約四分之一的比例。由於可調派的護航戰鬥機數量愈來愈少，轟炸機部隊的作戰規模勢必受到限制。儘管德國最高司令部不願進一步縮減戰鬥機單位的戰力，可是仍決定避免再派Bf 110擔任護航機的角色。

另外，對德國空軍影響最大的新策略是：戈林下令日後的作戰行動，一部分的護航機應該緊鄰轟炸機群。護航的戰鬥機單位接獲嚴厲的命令，不得離開保護的目標，打擊附近空域的敵人。只有在轟炸機編隊直接遭受敵方戰鬥機襲擾的時候，才能展開行動。理想而言，德國空軍最好能部署幾批戰鬥機至前線區域，在英

敦洛普．尤里上尉的雙腳裹著沙布，等待被送往醫院。

這架編號X4410的噴火式作戰壽命只有二十五分鐘！1940年8月18日早晨，該機遞交給西安普奈特（Westhampnett）的第602中隊，地勤人員甚至沒有時間為全新的戰鬥機漆上中隊的識別字母。當天，敦洛普．尤里（Dunlop Urie）上尉駕駛這架噴火式前往波格諾爾作戰，卻遭一架Bf 109擊中而迫降。雖然尤里保住了性命，但他的雙腿負傷，背部也跌斷，從此無法再飛行。

國戰鬥機向轟炸機編隊發動攻勢之前，瓦解他們的打擊能力，但這樣的策略非常難以達成。

當然，英國皇家空軍戰鬥機指揮部的指揮官，休．道丁上將和凱斯．帕克少將（Air Vice Marshal Keith Park）不可能立即得知德國空軍改變了策略。他們只知道這場大空戰爆發之後的前八天，英國的戰鬥機中隊蒙受十分高昂的損失。戰鬥機折翼可以迅速替補，可是優秀飛行員的培訓卻曠日費時。所以，為了減少飛行員的傷亡，帕克下令，只要可能的話，管制中心僅引導戰鬥機去攔截闖入英國本土的轟炸機群。因為若在海上作戰，被擊落的飛行員生還機率勢必更低。

經過七天激烈的戰鬥，直到八月十八日傍晚以後，有六天惡劣的天候妨礙了大規模空中行動。在這短暫的平息時期，道丁決定再給挑戰式雙座戰鬥機一次機會——第264中隊奉命前往南部的宏恩卻奇基地。為了避免戰鬥機對決的情況發生（一個月前挑戰式即在德國單座戰鬥機的打擊下慘遭重創），帕克少將指示防區的戰鬥機管制官：

「無論什麼時候，只能派遣挑戰式中隊攻擊敵方轟炸機，及正在蹂躪地面目標的戰鬥機，但絕不能引導他們去攔截戰鬥機群。還有，按照慣例，不可派挑戰式截擊太超出海岸線的入侵者，除了泰晤士河口以外。」

當德國空軍於八月二十四日再次展開大規模攻勢之際，他們針對英國皇家空軍戰鬥機指揮部的機場進行轟炸。接下來兩個星期，幾乎每天都爆發激烈的空戰，戰鬥機指揮部，尤其是第11聯隊面臨最嚴峻

一名英國軍械兵的回憶

在不列顛之役期間，那些於天空中作戰的飛行員十分仰賴技術熟練、充滿熱情與態度果決的地勤人員，為他們準備與修理戰鬥機。雖然這些男女從未離開過地面，卻在這場戰役中扮演重要的角色。英國皇家空軍的軍械兵，弗瑞德·坦迪一等兵（Aircraftman First Class Fred Tandy）即是其中一例。

軍械兵的主要任務是，確保飛行員在瞄準敵機，接著開火之際，每一挺機槍的一連串機械運作正常，並且擊出子彈，他們的工作必須於飛行員接獲命令出擊以前完成。坦迪回憶為噴火式的八挺白朗寧〇·三〇三吋（七·七公釐）機槍重新裝填彈藥時的情景：

「一九四〇年一月，我加入位在萊康菲爾德（Leconfield）的第616中隊，他們配備噴火式戰鬥機。一結束訓練，我就擔任一等軍械兵。當時，我們都很年輕且充滿熱情，只要有機會，便找可用的戰鬥機反覆練習，試著縮短裝填彈藥的時間。起初，一個四人軍械小組必須耗費二十分鐘左右才能完成任務。後來，某人想到將布製彈帶前端打一個圈，穿過機槍的給彈槽來填彈。這一點很重要，因為如此一來，就不必打開機槍的機匣蓋。所以，我們只需拆卸十二個蓋板即可，而非原先的二十個。經過不斷的練習，機槍彈藥不到十分鐘便能裝填完畢。

到了不列顛之役展開的時候，重新裝填彈藥對我們來說已是輕而易舉的事。每當噴火式降落之後，軍械兵會注意貼在機槍射擊孔的帆布條，如果他們被刮掉，即代表機槍開火過，必須重新填彈。軍械小組都隨時待命，若戰鬥機得再次出擊的話，就立刻採取行動。每一名軍械兵皆在兩臂下各抱一盒可容納三百發〇·三〇三吋子彈的彈藥箱。這場戰役期間，我們通常是為噴火式的其中兩挺機槍裝填穿甲彈，兩挺燒夷彈，四挺一般子彈。另外，四條裝填一般子彈的彈帶最後二十五發會改裝曳光彈，好讓飛行員知道彈藥快要打光了。

時常，戰鬥機的螺旋槳尚未停止轉動，其兩翼下就各有兩名軍械兵在工作，忙著打開數十個用來拴緊彈藥箱艙蓋和機槍嵌板的『迪祖斯』（Dzus）扣環，這種扣環只要旋轉半圈即可解鎖。一旦所有的蓋板拆卸之後，接下來便是趕緊查看每一挺機槍是否發生卡彈，及能否繼續運作。如果槍機退到後面的位置，即代表飛行員停止射擊；如果槍機停在前面位置，表示彈藥已經用盡；如果發生卡彈，槍機通常會停在前面位置，並卡著一顆未擊發且無法再使用的子彈。

除非機槍不能繼續運作，軍械兵會將它的槍機固定在後面，拉出未射擊完的彈帶，然後把舊彈藥箱取出置於地上。待安全無虞之後，兩翼各一名軍械兵便趕緊拿條狀的清潔刷由前方擦拭槍管，清理子彈擊發後的殘餘火藥。

一等軍械兵弗瑞德·坦迪（照片右）描述他在不列顛之役期間的工作。

與此同時，兩翼的另一名軍械兵會逐個地把新的彈藥箱從翼下裝進彈艙裡，並將布製彈帶穿過機槍的給彈槽。只要簡單地拉動彈帶前端的帆布圈，新彈藥箱內的第一發子彈即可置於給彈槽上。接著，軍械兵拉動槍機連動座的把柄，將第一發子彈由後拉出彈帶，並將它送至槍機頭（撞針）前方。

然後，軍械兵會從機翼下查看子彈是否確實抵住槍機頭，並壓下按鈕，槍機便會向前推動，同時將子彈送進膛室。接下來的工作就只剩調校和把所有的蓋板裝回去。

如果戰鬥機出擊前仍有時間，我們會用幾塊布料貼在機槍射擊孔上，讓暖空氣留在槍管內，以免戰鬥機於高空飛行時槍膛結凍。不列顛之役期間，為了節省時間，我們有時候就直接拿普通的醫療膠布來貼。另外，如果草地很溼的話，噴火式升空之際會濺起大量的泥濘與水滴，附著於翼面下。為了防止溼氣從接縫或排彈孔滲入武器艙，我們還會在翼面下貼幾張報紙。

在一九四〇年，戰鬥機中隊裡有很強烈的『歸屬感』。每一架噴火式最少會分配到一名調校員、一名機械維修員與一名軍械兵，若『他們的』飛行員發生了什麼三長兩短，即是很大的不幸。儘管飛行員的傷亡十分慘重，可是士氣依舊高昂。不列顛之役期間，我們於肯利基地目睹空戰就在頭頂上進行。當我們看見敵機被擊落之際，便深刻了解，我們在地上扮演著關鍵的角色。對十九歲的小伙子來說，這是他們最活躍的年紀。」

在戰爭時期，私家汽車的燃料十分難以取得。照片中，一名英國皇家空軍的人員正在汲取一架Ju 88轟炸機的燃料，為他的私家汽車加油。該機隸屬於第54轟炸機聯隊，墜毀在譚密爾附近。如此竊取燃料的行為是非法的，相關當局視而不見實屬罕見。注意這架德國轟炸機垂直尾翼兩面的納粹標誌已被剪下，被人當作紀念品收藏。

的威脅。在二十四日的行動中，德國空軍重創了曼斯頓（Manston）基地，使得那裡的機場無法運作，被迫暫時遺棄；二十六日，肯利、比根山與第伯登（Debden）亦遭到猛烈轟炸。二十八日，儘管戰鬥機管制中心試圖隔離德國戰鬥機，可是第264中隊（配備十二架挑戰式）仍遇上一批Bf 109，導致四架被擊落，另三架負傷，卻未摧毀任何一架敵方戰鬥機。自此之後，挑戰式便調去執行夜戰任務，以免再次蒙受慘重的損失。

八月的最後一天，德國空軍又向克洛伊登（Croydon）、宏恩卻奇與比根山機場發動猛攻。到了九月，帕克少將麾下的戰鬥機中隊依然沒有喘息的機會。九月的前六天，戰鬥機基地附近每日皆有大規模的空戰爆發，飛機製造工廠亦遭受轟炸，可是產量並未嚴重下滑。

在這個階段的最後兩個星期，即八月二十四日至九月六日，戰鬥機指揮部有一百零三名飛行員陣亡，一百二十八名負傷。道丁上將總共也只有一千五百名左右的飛行員可供差遣，平均每星期的飛行員折損率高達全數的二十分之一。儘管八月間有二百五十名飛行員從作戰訓練單位調來前線，可是這群新手訓練欠佳，又沒有實戰經驗，在他們學到如何於戰場上生存之前，很容易淪為德國空戰王牌的犧牲品。

另一方面，德國空軍自八月下旬開始發動夜襲，不過暗夜轟炸的準確性要比日間行動低許多。轟炸機編隊不但難以找到目標，而且彈落點太過零散，無法達到毀滅性的效果。二十四日的其中一起夜襲，甚至有幾顆炸彈意外落到倫敦，引發嚴重的政治效應，並導致英國皇家空軍針對柏林進行報復。這在下一章會有詳細的說明。

八月二十五日與二十六日，德國空軍於夜間轟炸伯明罕（Birmingham）；接著在二十八日、二十九日、三十日和三十一日晚上，連續派出一百五十架左右的轟炸機空襲利物浦（Liverpool）。這個港口又於九月四日、五日與六日夜裡遭受攻擊。

雖然夜間轟炸的準確性低，但相對地，入侵者不易被攔截。當時，英軍的高射砲部隊只有少數配備射控雷達，英國皇家空軍裝置機載雷達（AI）的戰鬥機更少。況且，第一代的雷達系統十分粗糙又不可靠，操作員還得從最基本的原理開始學習。相較於激烈的白晝空

緊急升空應戰！

對英國皇家空軍戰鬥機指揮部的飛行員來說，「爬升」（Scramble）這個詞，即代表「緊急升空應戰」。每當情況發生的時候，飛行員就會像沒命似地狂奔，登上他們的戰鬥機出擊。這確實有其必要，因為一耽擱三十秒鐘，飛行員遇上敵機時，便可能失去了他們最需要的一千呎（三百零四．八公尺）凌空高度。指揮第64中隊（配備噴火式）的唐納德．麥克唐納少校描述：

「當飛行員們準備好之後，就在機場四周休息——閱讀、聊天和玩牌。每一個小隊都有獨立的休息室，所以飛行員不會離各自的噴火式太遠。我會待在辦公室外面，穿著飛行裝和『海上救生背心』（Mae West），與第1小隊的人在一起。飛行員的降落傘皆放置於戰鬥機的座位上，而且皮扣垂掛在背部防彈板後面。

每當電話響起的時候，都會有一種令人毛骨悚然的沉默氣氛。傳令兵接聽電話，如果他回答的是諸如『是的，長官……是，長官……是……長官，史密斯中士想與您通話』這類的話，大家便會鬆一口氣。若電話打來是命令中隊緊急升空應戰，傳令兵就會立刻以最宏亮的聲音大叫『爬升！』接著，每一位飛行員馬上跳起來，衝向戰鬥機。

我登上噴火式之際，地勤人員已經發動引擎，然後他爬出駕駛艙，而我坐進去。他還會協助我揹上降落傘，扣緊安全帶。當我豎起大拇指，他就會關閉座艙罩，跳下戰鬥機，並跑到左舷前方。同時，我調整好所有的安全帶，戴上頭盔，插入無線電耳機線的插頭。一旦檢查引擎運作正常之後，我便揮手，要地勤人員移走制輪楔，並打開節流閥，將戰鬥機駛離停機坪。

戰鬥機滑行越過一大片草地，抵達加速起始線的時候，我會先列隊，然後把節流閥推桿大力向前推，準備升空。其他的飛行員則盡可能地緊跟在後。整個流程，從接獲緊急起飛命令至最後一架戰鬥機離地，大約只花費一分半鐘的時間。

一旦戰鬥機起飛並開始爬升之際，我會回報防區的戰鬥機管制官說：『弗利瑪中隊（第64中隊的無線電呼叫代號）升空！』他則告訴我該往哪個方向飛行，及攔截高度為多少。當中隊進行整隊的時候，我會以低速做大螺旋形爬升，直到每一架戰鬥機就定位。接著，我們將節流閥開到最大，盡可能於最短時間內達到攔截高度。此外，在螺旋形爬升期間，我會徐徐地往北方偏移，因為敵機總是從南方或東南方襲來。爬升時，避免對手由上方發動攻擊，是非常基本的戰術。同樣地，除了保持警戒之外，我還會注意中隊的隊形。如果任何一架戰鬥機落後了，我就會放慢一些速度。」

第65中隊的飛行員正在洛奇福德（Rochford）基地小睡三十分鐘。不列顛之役期間，緊湊的戰鬥使飛行員們筋疲力竭，所以他們會盡可能找機會小睡片刻。

為轟炸機編隊提供緊密護航

「有時候，我們奉命為轟炸機編隊提供緊密護航，我很不喜歡這麼做。雖然轟炸機的機組員會覺得較有安全感，亦能嚇阻一些英國戰鬥機的飛行員，但這對我們來說非常不利。和敵機交戰之際，我們需要掌握高度與速度優勢，才能占上風。在緊密護航的情況下，等於把主動權讓給了英國戰鬥機，他們能決定何時與如何發動攻擊。

亨克爾在四千公尺（一萬三千呎）左右的高度，以時速三百公里（一百九十哩）進行巡航。然而，戰鬥機的巡航速度較快，約每小時三百七十公里（二百三十哩）。所以緊密護航的時候，我們不得不迂迴飛行，在轟炸機群的兩翼之間穿梭。我們不能再減速，否則一旦遇上噴火式，Bf 109就得耗費太多時間，加速到作戰速度。

我討厭執行緊密護航任務，我們必須待在轟炸機編隊周圍，直到遭受攻擊。當我們發現英國戰鬥機時，總是想加速與他們交戰。不過，指揮官會說：『所有人留在轟炸機旁邊！』我們無法先發制人，除非對手發動攻勢，才准採取行動。不然，轟炸機的機組員會抱怨，並在返航後指控我們。」

第54戰鬥機聯隊，梅塞希密特Bf 109飛行員，漢斯．施莫勒─哈爾迪（Hans Schmoller-Haldy）中尉

羅伯特．史丹佛─塔克少校（照片中央留鬍鬚、未戴帽者）與他的夥伴。這群第257中隊的飛行員於塔克的颶風式前合影。

挑戰式退出日間作戰

「我們於八月底待在宏恩卻奇基地的那個星期，就失去了五名飛行員和九名機槍手。委任的中隊長與兩名小隊長非死即傷。

二十八日中午，隊上只剩兩架挑戰式還能運作，我駕駛其中一架執行這款砲塔式雙座戰鬥機的最後一次日間作戰任務，於宏恩卻奇防區巡邏。升空之後沒多久，我們被引導去攔截一群約有三十多架敵機的編隊。不過，我們尚未抵達目標，戰鬥機管制官便透過無線電告知我們：『我很抱歉，老兄，敵機返航了！他們已經回到基地並且著陸。』我不知道其他三名隊員感受如何，但我鬆了一口氣，如果那三十多架敵機是Bf 109的話，肯定會被他們玩弄於股掌之間。

翌日，六架可飛的挑戰式從宏恩卻奇升空，前往林肯郡（Lincolnshire）的柯頓茵林德塞（Kirton-in-Lindsey），由一名二十歲的少尉率領，他是中隊裡最資深的軍官！」

第264中隊，挑戰式飛行員，戴斯蒙．休斯（Desmond Hughes）少尉

「當我開始標示逼近比根山的入侵者之際……」

「我們值勤的時候，整間戰情室總是鬧哄哄的，大家都在忙著做自己的事。桌旁每一名製圖員正標出肯利與索塞克斯上空，及英吉利海峽航線上的入侵者，而平臺上的管制官與其他人員亦頻繁地和各中隊進行無線電聯絡。我站在戰情地圖旁邊，推移肯利一帶代表入侵者的立牌，而且不斷有新的訊息遞給我。無論是單獨一架敵機，或幾個中隊，或規模更龐大的機群，資訊似乎永遠更新不完。

我還記得，當我開始標示逼近比根山的入侵者之際，有一種奇怪的感覺。它愈來愈接近，然後立牌就直接擺到航空站上方。同時，我們可以聽見炸彈落下，於不遠處炸開的聲音。隨著爆炸聲響愈來愈近，管制官對我們吼叫：『找掩護！』我目睹，他一邊握著無線電話筒，一邊躲到桌下尋求掩蔽。不久，一聲巨響，戰情室部分的天花板垮下，用來標示我方中隊資訊的玻璃看板被震碎，碎玻璃散落得到處都是，甚至掉在我們的頭髮上，還割破了長襪。幸好有桌子的保護，所有人皆無大礙。

片刻，一切恢復詭異的寧靜，我們感受極大的震撼，並零散地踩著碎片走出去。然後，就有人告訴我們回自己的住所。」

英國皇家空軍比根山戰情室女製圖員，愛蓮．路易士（Elaine Lewis）

戰，在夜裡少有敵機被目擊，想要打下他們更是談何容易。

在不列顛之役的初期階段（八月十三日至九月六日），德國空軍總共失去了六百二十九架戰機，英國皇家空軍則為三百八十五架，損失比率約為一．六比一。對英國人來說，儘管這樣的比率和序幕時期（七月十日至八月十二日）相比差了許多，可是他們依然占上風。

另外，這段期間，雖然戰鬥機指揮部的基地遭受沉重的打擊，尤其是第11聯隊的機場無一幸免，但地面設施仍可持續運作。何況，英國的地勤人員既有組織又相當有效率，跑道上的彈坑很快就能填平，讓戰鬥機順利起降。只有一座機場，即曼斯頓的損壞狀況太過嚴重，數十個小時內仍無法修復完畢。

入侵者少有機會發動出其不意的攻擊。當德國空軍的轟炸機抵達機場上空之際，英國戰鬥機中隊通常已經升空。只要是還能飛的颶風式和噴火式，無論是否具備戰鬥能力，都會緊急起飛，避開敵方轟炸機的空襲，待他們離去後再回來。那些無法飛翔的戰鬥機則被拖曳到護牆內，或是分散到機場四周難以擊中的地方。因此，儘管德國空軍幾乎每天襲擾戰鬥機指揮部的基地，但三個多星期下來，於地面上被摧毀的英國戰鬥機還不到二十架。

為了讓戰鬥機及時起飛，英國皇家空軍相當依賴設置在海岸邊的雷達站。雖然這些雷達站亦是德國轟炸機的首要目標，但從空中來看，他們顯得十分渺小，很不容易擊中。況且，配備重要儀器的建築物都有護牆保護，所以除非直接命中，不然很難造成嚴重的破壞。僅有俯衝轟炸機適合對付這麼小的目標，可是Ju 87斯圖卡部隊在執行此一任務期間，慘遭英國戰鬥機蹂躪，並蒙受高昂的損失。另外，雷達天線塔看似脆弱，不過炸彈爆炸時的衝擊和碎片卻難以打斷其面積狹小的網狀結構。就算炸彈於附近炸開來，天線塔仍可屹立不搖。儘管德國空軍持續攻擊雷達站，但只有一座於數小時後尚無法運作。

然而，在高估對手損失率和低估生產力等因素下，德國空軍自認為，戰鬥機指揮部已是窮途末路。此刻，是向英國心臟地帶發動一連串猛攻的時機。他們將轟炸倫敦，一勞永逸地撲滅英國人頑強的反抗意志。

一名英國防空砲兵的回憶

「我記得，不列顛之役期間，我們似乎一直在搬運彈藥。每位砲兵一次得運送一個二十八磅（十二．七公斤）的大鐵盒，裡面裝兩顆五十六磅（二十五．四公斤）的砲彈，總共一百四十磅（六十三．五公斤）重。此外，砲管無法再使用時還得更換，由八個人來吊起一噸左右的砲管，必須將它抬高五呎（一．五二公尺）才能拆換。我們長時間待在崗位上，異常辛苦地工作，卻沒有人像戰鬥機飛行員一樣贏得大眾的喝采。」

肯特郡多佛，第75重型防空砲團，3.7吋防空砲砲兵，彼得．艾爾伍德（Peter Erwood）

空襲機場——戰機損失

日期	德國空軍損失	英國皇家空軍損失	事件
8月13日	39架	14架	對英國機場的多起猛攻
8月14日	18架	9架	對英國機場的多起猛攻
8月15日	79架	34架	對英國機場的多起猛攻
8月16日	44架	27架	對英國機場的多起猛攻
8月17日	2架	1架	空中行動不活躍
8月18日	69架	39架	對英國機場的多起猛攻
8月19日	4架	5架	天候欠佳，空中行動不活躍
8月20日	6架	1架	天候欠佳，空中行動不活躍
8月21日	12架	4架	天候欠佳，空中行動不活躍
8月22日	2架	4架	天候欠佳，空中行動不活躍
8月23日	4架	1架	天候欠佳，空中行動不活躍
8月24日	34架	18架	日間：對英國機場的多起猛攻 夜間：幾顆炸彈擊中倫敦
8月25日	19架	18架	日間：對英國機場的多起攻擊 夜間：轟炸伯明罕
8月26日	38架	30架	日間：對英國機場的多起猛攻 夜間：轟炸伯明罕
8月27日	9架	6架	空中行動不活躍
8月28日	28架	13架	日間：對英國機場的多起攻擊 夜間：轟炸利物浦
8月29日	18架	10架	日間：戰鬥機襲擾 夜間：轟炸利物浦
8月30日	36架	24架	日間：對英國機場的多起猛攻 夜間：轟炸利物浦
8月31日	34架	38架	日間：對英國機場的多起猛攻 夜間：轟炸利物浦
9月1日	11架	13架	日間：對英國機場的多起攻擊 夜間：擊中斯旺希（Swansea）與布里斯托
9月2日	33架	14架	對英國機場的多起攻擊
9月3日	14架	11架	日間：對英國機場的多起攻擊 夜間：轟炸利物浦
9月4日	22架	14架	日間：對英國機場的多起攻擊 夜間：轟炸利物浦
9月5日	24架	19架	日間：對英國機場的多起攻擊 夜間：轟炸利物浦
9月6日	30架	18架	日間：對威布里治與麥德威（Medway）的多起攻擊 夜間：擊中倫敦碼頭區
總數	629架	385架	

轟炸倫敦

一九四〇年九月七日至九月三十日

「談到贏得空戰勝利的前景……〔對抗大不列顛〕有一個明顯的因素會影響德國人的判斷，並激勵他們認為成功指日可待。那就是位置既暴露又易受攻擊的倫敦……無論法國空軍或是我們對德國所發動的轟炸，都無法達到立即且具決定性的效果。德國也許會打算藉由大規模空襲倫敦來獲取勝利。」——英國皇家空軍參謀長愛德華．艾靈頓爵士（Sir Edward Ellington）於戰前的一場演說。

在西元一九四〇年八月的最後一個星期，英國皇家空軍開始向德國發動空襲，尤其是柏林，以報復德國轟炸機誤擊倫敦的事件。此舉激怒了希特勒，他下令針對英國首都進行一連串猛烈的轟炸。

於是，不列顛之役新一階段自九月七日展開。當天，從早晨到午後皆十分平靜，只有幾架偵察機闖入英國南部。七日的天氣相當晴朗，前兩個星期的空戰又非常密集，所以這片寧靜對英國人來說，是一種不祥的預兆。下午四點後沒多久，令人不安的平靜宣告結束，英國雷達站發現有大批的敵機於巴德加萊上空集結。入侵部隊於四點十六分越過海岸，約三百五十架轟炸機在六百多架戰鬥機的護航下，組成一個巨大的方形陣式，緩緩飛越肯特郡。

英國皇家空軍第11聯隊的管制官幾乎是令所有可派的中隊緊急升空應戰，卻不知道入侵者的真正目標。他們引導大部分的戰鬥機去攔截空襲機場的敵人，只有四個中隊守護著飛往倫敦的航道。因此，德國空軍強大的護航隊輕易掃除了一切障礙。

德國轟炸機的目標是倫敦東部的碼頭區，那裡成排的倉庫皆堆滿進口的貨物。轟炸機群一飛抵碼頭上空即密集投下炸彈，引發了熊熊的大火。

在針對倫敦與周邊地區的第一起轟炸行動期間，英國皇家空軍戰鬥機指揮部並未徹底掌握狀況。雖然德國空軍損失了四十架戰機，但他們也有二十一架戰鬥機被摧毀，而且飛行員的傷亡格外嚴重——總共有十七名飛行員陣亡或重傷。

入夜之後，三百多架的德國轟炸機重返倫敦，再對碼頭區發動攻擊。他們在夜色的掩護下毫不畏懼防衛者，直接從各自的基地飛往目標，由倫敦的西南方至正東方飛進碼頭區會合。德國轟炸機是一或兩群地闖入英國首都，所以轟炸行動持續了六個多小時，從二十二點十分一直到翌日凌晨四點三十分才結束。

德國空軍於七日白天的轟炸引起大火，因此在黑暗中飛行的轟炸機群皆能順利找到目標，然後投下高爆彈與燒夷彈，再次照亮倫敦碼頭區的夜空，並讓英國的消防員白費力氣。午夜一點的時候，有九處的火勢非常猛烈，達到英國官方「大火災」的定義（英國官方「大火災」的定義是火勢不斷延燒，需要動用一百具幫浦抽水才能控制；而「大火」的控制水量為三十具以上的幫浦；「嚴重失火」則為十一至三十具幫浦）。其中一

從一架He 111轟炸機的機首玻璃罩內所拍攝的景象。從這張照片可以看出他們非常緊密地飛在一起。當德國的轟炸機群遭受英國皇家空軍戰鬥機襲擊的時候，便會相互靠攏，採取緊密編隊飛行以強化防禦火力。

德國空軍第53轟炸機聯隊第3大隊的He 111雙引擎轟炸機，由華爾特．賴伯爾（Walter Leber）少尉駕駛。

He 111轟炸機的機首特寫。從這張照片可以看出投彈手兼機首機槍手擁有非常好的視野，但飛行員的下方視野卻受限許多。

攻擊英國的德國空軍單位（1940年9月7日）

註：德國空軍各單位的戰力恢復資料是以十天為一期來匯編。本表為德國空軍於9月7日的戰力狀況，而最近一次發布的恢復資料是在9月5日的大規模行動之前。第一個統計數據為各單位可派用的戰機數量，第二個數據則為尚無法派用的戰機數量。

第2航空軍團（總部布魯塞爾）

長程轟炸機				
第1轟炸機聯隊				
本部	亨克爾He 111	5架	2架	羅希耶爾昂桑泰爾（Rosières-en-Santerre）
第1大隊	亨克爾He 111	22架	14架	蒙第迪耶（Montdidier）、克萊蒙（Clairmont）
第2大隊	亨克爾He 111	23架	13架	蒙第迪耶、奈美根（Nijmegen）
第3大隊	容克斯Ju 88	-	9架	羅希耶爾昂桑泰爾
第2轟炸機聯隊				
本部	都尼爾Do 17	6架	0架	聖萊傑（Saint Leger）
第1大隊	都尼爾Do 17	12架	7架	康布萊（Cambrai）
第2大隊	都尼爾Do 17	20架	11架	聖萊傑
第3大隊	都尼爾Do 17	20架	10架	康布萊
第3轟炸機聯隊				
本部	都尼爾Do 17	5架	1架	勒庫洛（Le Culot）
第1大隊	都尼爾Do 17	25架	4架	勒庫洛
第2大隊	都尼爾Do 17	23架	4架	安特衛普—德爾納（Antwerp-Deurne）
第3大隊	都尼爾Do 17	19架	9架	聖特隆（Saint Trond）
第4轟炸機聯隊				
本部	亨克爾He 111	5架	5架	索斯特堡（Soesterberg）
第1大隊	亨克爾He 111	16架	21架	索斯特堡
第2大隊	亨克爾He 111	30架	7架	恩德霍芬（Eindhoven）
第3大隊	容克斯Ju 88	14架	16架	阿姆斯特丹—施帕爾（Amsterdam-Schiphol）
第26轟炸機聯隊				
本部	亨克爾He 111	3架	3架	吉爾茲—里安（Gilze-Rijen）
第1大隊	亨克爾He 111	7架	18架	莫爾貝克（Moerbeke）、庫爾特瑞（Courtrai）〔自9月15日由費弗爾海姆（Wevelghem）起飛作戰〕
第2大隊	亨克爾He 111	7架	19架	吉爾茲—里安
第30轟炸機聯隊				
本部	容克斯Ju 88	1架	-	布魯塞爾
第1大隊	容克斯Ju 88	1架	9架	布魯塞爾
第2大隊	容克斯Ju 88	24架	6架	吉爾茲—里安
第40轟炸機聯隊				
本部	福克—沃爾夫Fw 200	1架	1架	波爾多
第53轟炸機聯隊				
本部	亨克爾He 111	3架	2架	里爾
第1大隊	亨克爾He 111	19架	4架	里爾
第2大隊	亨克爾He 111	7架	22架	里爾
第3大隊	亨克爾He 111	4架	15架	里爾
第76轟炸機聯隊				
本部	都尼爾Do 17	3架	3架	科爾梅耶昂費桑（Cormeilles-en-Vexin）
第1大隊	都尼爾Do 17	19架	7架	布維—提耶（Beauvais-Tille）
第2大隊	容克斯Ju 88	21架	6架	克雷爾（Creil）
第3大隊	都尼爾Do 17	17架	7架	科爾梅耶昂費桑
第77轟炸機聯隊				
本部	容克斯Ju 88	1架	-	拉昂（Laon）
第1大隊	容克斯Ju 88	31架	5架	拉昂
第2大隊	容克斯Ju 88	25架	7架	亞施（Asch）
第3大隊	容克斯Ju 88	19架	11架	拉昂
第126轟炸機聯隊				
	亨克爾He 111	26架	7架	馬爾克斯（Marx）
俯衝轟炸機與戰鬥轟炸機				
第1俯衝轟炸機聯隊				
本部	容克斯Ju 87、都尼爾Do 17	5架	2架	聖波爾（Saint Pol）

第2大隊	容克斯Ju 87	29架	14架	巴德加萊
第2俯衝轟炸機聯隊				
本部	容克斯Ju 87、都尼爾Do 17	9架	2架	特朗庫爾（Tramecourt）
第2大隊	容克斯Ju 87	22架	5架	聖奧梅爾（Saint Omer）、聖特隆
第1教導聯隊				
第4大隊	容克斯Ju 87	28架	14架	特朗庫爾
第2教導聯隊				
第2大隊	梅塞希密特Bf 109	27架	5架	聖奧梅爾（戰鬥轟炸機單位）
單引擎戰鬥機				
第1戰鬥機聯隊				
本部	梅塞希密特Bf 109	3架	1架	巴德加萊地區
第3戰鬥機聯隊				
本部	梅塞希密特Bf 109	3架	-	薩梅爾（Samer）
第1大隊	梅塞希密特Bf 109	14架	9架	薩梅爾
第2大隊	梅塞希密特Bf 109	21架	3架	薩梅爾
第3大隊	梅塞希密特Bf 109	23架	2架	戴弗勒（Desvres）
第26戰鬥機聯隊				
本部	梅塞希密特Bf 109	3架	1架	奧當伯（Audembert）
第1大隊	梅塞希密特Bf 109	20架	7架	奧當伯
第2大隊	梅塞希密特Bf 109	28架	4架	馬吉斯（Marquise）
第3大隊	梅塞希密特Bf 109	26架	3架	卡菲爾
第27戰鬥機聯隊				
本部	梅塞希密特Bf 109	4架	1架	埃塔普勒（Etaples）
第1大隊	梅塞希密特Bf 109	27架	6架	埃塔普勒
第2大隊	梅塞希密特Bf 109	33架	4架	蒙特勒伊（Montreuil）
第3大隊	梅塞希密特Bf 109	27架	4架	桑皮（Sempy）
第51戰鬥機聯隊				
本部	梅塞希密特Bf 109	4架	1架	聖奧梅爾
第1大隊	梅塞希密特Bf 109	33架	3架	聖奧梅爾、聖安格勒韋（SaintInglevert）
第2大隊	梅塞希密特Bf 109	13架	9架	聖奧梅爾、聖安格勒韋爾
第3大隊	梅塞希密特Bf 109	31架	13架	聖奧梅爾
第52戰鬥機聯隊				
本部	梅塞希密特Bf 109	1架	1架	拉昂—庫芙隆（Couvron）
第1大隊	梅塞希密特Bf 109	17架	4架	拉昂—庫芙隆
第2大隊	梅塞希密特Bf 109	23架	5架	巴德加萊地區
第3大隊	梅塞希密特Bf 109	16架	15架	巴德加萊地區
第53戰鬥機聯隊				
本部	梅塞希密特Bf 109	2架	-	巴德加萊地區
第2大隊	梅塞希密特Bf 109	24架	9架	維桑（Wissant）
第3大隊	梅塞希密特Bf 109	22架	8架	巴德加萊地區
第54戰鬥機聯隊				
本部	梅塞希密特Bf 109	2架	2架	荷蘭
第1大隊	梅塞希密特Bf 109	23架	5架	荷蘭
第2大隊	梅塞希密特Bf 109	27架	8架	荷蘭
第3大隊	梅塞希密特Bf 109	23架	5架	荷蘭
第77戰鬥機聯隊				
第1大隊	梅塞希密特Bf 109	40架	2架	巴德加萊地區
雙引擎戰鬥機				
第2驅逐機聯隊				
本部	梅塞希密特Bf 110	-	1架	巴德加萊地區
第1大隊	梅塞希密特Bf 110	10架	10架	亞眠、岡城
第2大隊	梅塞希密特Bf 110	10架	18架	居揚庫爾—考德隆（Guyancourt-Caudron）
第26驅逐機聯隊				
本部	梅塞希密特Bf 110	3架	-	里爾

第1大隊	梅塞希密特Bf 110	14架	19架	阿布維爾（Abbeville）、聖奧梅爾
第2大隊	梅塞希密特Bf 110	17架	8架	克雷希（Crécy）
第3大隊	梅塞希密特Bf 110	17架	8架	巴爾利（Barley）、阿爾克（Arques）
第1教導聯隊				
第5大隊	梅塞希密特Bf 110	19架	4架	利熱庫爾（Ligescourt）、阿朗松（Alencon）
第210作戰測試大隊	梅塞希密特Bf 109 梅塞希密特Bf 110	17架	9架	德南（Denain，戰鬥轟炸機單位）
長程偵察機				
第22偵察機大隊				
第1中隊	都尼爾Do 17、梅塞希密特Bf 110	9架	4架	里爾
第122偵察機大隊				
第1中隊	容克斯Ju 88	3架	5架	荷蘭
第2中隊	容克斯Ju 88、亨克爾He 111	9架	1架	布魯塞爾—米爾布魯克（Millbrook）
第3中隊	容克斯Ju 88、亨克爾He 111	10架	1架	恩德霍芬
第4中隊	容克斯Ju 88、亨克爾He 111 梅塞希密特Bf 110	9架	4架	布魯塞爾
第5中隊	容克斯Ju 88、亨克爾He 111	11架	-	奧—弗恩坦（Haute-Fountain）
海上偵察機與布雷機				
第106海岸飛行大隊（Küstenfliegergruppe）				
第1中隊	亨克爾He 115	4架	6架	不列塔尼（Brittany）地區
第2中隊	都尼爾Do 18	6架	3架	不列塔尼地區
第3中隊	亨克爾He 115	6架	3架	波爾庫姆（Borkum）

第3航空軍團（總部巴黎）

長程轟炸機				
第1教導聯隊				
本部	容克斯Ju 88	3架	-	奧爾良—布里希（Orléans-Bricy）
第1大隊	容克斯Ju 88	13架	14架	奧爾良—布里希
第2大隊	容克斯Ju 88	19架	12架	奧爾良—布里希
第3大隊	容克斯Ju 88	19架	11架	夏圖當（Chateaudun）
第27轟炸機聯隊				
本部	亨克爾He 111	4架	3架	圖爾（Tours）
第1大隊	亨克爾He 111	13架	22架	圖爾
第2大隊	亨克爾He 111	15架	17架	迪納爾（Dinard）、布爾日（Bourges）
第3大隊	亨克爾He 111	13架	7架	雷恩（Rennes）
第40轟炸機聯隊				
第1大隊	福克—沃爾夫Fw 200	4架	3架	波爾多
第51轟炸機聯隊				
本部	容克斯Ju 88	-	1架	奧里（Orly）
第1大隊	容克斯Ju 88	13架	20架	穆倫（Melun）
第2大隊	容克斯Ju 88	17架	17架	奧里
第3大隊	容克斯Ju 88	27架	7架	艾當普（Etampes）
第54轟炸機聯隊				
本部	容克斯Ju 88	-	1架	埃夫勒（Evreux）
第1大隊	容克斯Ju 88	18架	12架	埃夫勒
第2大隊	容克斯Ju 88	14架	12架	聖安德烈（St. André）
第55轟炸機聯隊				
本部	亨克爾He 111	6架	-	維拉庫布勒（Villacoublay）
第1大隊	亨克爾He 111	20架	7架	德勒（Dreux）
第2大隊	亨克爾He 111	22架	8架	夏赫特勒（Chartres）
第3大隊	亨克爾He 111	20架	5架	維拉庫布勒
第100轟炸機大隊				
	亨克爾He 111	7架	21架	凡納（Vannes）
第606轟炸機大隊				
	都尼爾Do 17	29架	4架	布勒斯特、瑟堡

第806轟炸機大隊				
	容克斯Ju 88	18架	9架	南特（Nantes）、岡城
俯衝轟炸機				
第3俯衝轟炸機聯隊				
本部	都尼爾Do 17、亨克爾He 111	6架	1架	不列塔尼地區
第1大隊	容克斯Ju 87	34架	3架	不列塔尼地區
單引擎戰鬥機				
第2戰鬥機聯隊				
本部	梅塞希密特Bf 109	2架	3架	布蒙勒羅傑（Beaumont-le-Roger）
第1大隊	梅塞希密特Bf 109	24架	5架	布蒙勒羅傑
第2大隊	梅塞希密特Bf 109	18架	4架	布蒙勒羅傑
第3大隊	梅塞希密特Bf 109	19架	11架	哈佛爾
第53戰鬥機聯隊				
第1大隊	梅塞希密特Bf 109	27架	7架	不列塔尼地區
雙引擎戰鬥機				
第76驅逐機聯隊				
本部	梅塞希密特Bf 110	2架	2架	
第2大隊	梅塞希密特Bf 110	12架	15架	勒芒（Le Mans）、阿布維爾
第3大隊	梅塞希密特Bf 110	8架	11架	拉瓦爾（Laval）
長程偵察機				
第2教導聯隊				
第7中隊	梅塞希密特Bf 110	9架	5架	
第14偵察機大隊				
第4中隊	梅塞希密特Bf 110、都尼爾Do 17	9架	3架	諾曼第（Normandy）地區
第31偵察機大隊				
第3中隊	梅塞希密特Bf 110、都尼爾Do 17	5架	4架	聖布里尤（St. Brieuc）
第121偵察機大隊				
第3中隊	容克斯Ju 88、亨克爾He 111	6架	4架	法國西北部
第4中隊	容克斯Ju 88、都尼爾Do 17	5架	8架	諾曼第
第123偵察機大隊				
第1中隊	容克斯Ju 88、都尼爾Do 17	7架	3架	巴黎地區
第2中隊	容克斯Ju 88、都尼爾Do 17	8架	2架	巴黎地區
第3中隊	容克斯Ju 88、都尼爾Do 17	9架	3架	布克（Buck）

第5航空軍團〔總部挪威克里斯蒂安桑（Kristiansund）〕

單引擎戰鬥機				
第77戰鬥機聯隊				
第2大隊	梅塞希密特Bf 109	35架	9架	挪威南部
長程偵察機				
第22偵察機大隊				
第2中隊	都尼爾Do 17	5架	4架	斯塔凡格爾（Stavanger）
第3中隊	都尼爾Do 17	5架	4架	斯塔凡格爾
第120偵察機大隊				
第1中隊	亨克爾He 111、容克斯Ju 88	2架	11架	斯塔凡格爾
第121偵察機大隊				
第1中隊	亨克爾He 111、容克斯Ju 88	2架	5架	斯塔凡格爾、奧爾堡（Aalborg）
海上偵察機與布雷機				
第506海岸飛行大隊				
第1中隊	亨克爾He 115	6架	2架	斯塔凡格爾
第2中隊	亨克爾He 115	5架	3架	特倫漢（Trondheim）、特隆姆索（Tromsö）
第3中隊	亨克爾He 115	6架	2架	李斯特（List）

英國皇家空軍戰鬥機指揮部的單位（1940年9月14日18點整）

註：第一個統計數據爲各單位可派用的戰機數量，第二個數據則爲尚無法派用的戰機數量。

第10聯隊〔總部威特郡（Wiltshire）的巴克斯（Box）〕				
中瓦洛普防區				
第238中隊	颶風式	17架	1架	中瓦洛普
第609中隊	噴火式	15架	3架	中瓦洛普
第604中隊	布倫亨式	5架	14架	中瓦洛普
	標緻戰士	-	1架	中瓦洛普
部分第23中隊	布倫亨式	6架	-	中瓦洛普
第152中隊	噴火式	17架	2架	沃姆威爾
第56中隊	颶風式	17架	-	下巴斯康
費爾頓（Filton）防區				
第79中隊	颶風式	13架	5架	潘姆布利（Pembrey）
艾克希特防區				
第87中隊	颶風式	17架	4架	艾克希特（Exeter）
第601中隊	颶風式	14架	6架	艾克希特
聖伊瓦爾防區				
第234中隊	噴火式	16架	1架	聖伊瓦爾（St. Eval）
第247中隊	格鬥士	9架	-	羅伯洛（Roborough）
第11聯隊〔總部米德塞克斯郡（Middlesex）的阿克斯布里治〕				
肯利防區				
第253中隊	颶風式	14架	3架	肯利
第501中隊	颶風式	18架	1架	肯利
第605中隊	颶風式	16架	3架	克洛伊登
比根山防區				
第72中隊	噴火式	10架	7架	比根山
第92中隊	噴火式	16架	1架	比根山
第141中隊	挑戰式	10架	-	比根山
第66中隊	噴火式	14架	2架	格雷夫森德
諾索爾特防區				
加拿大皇家空軍第1中隊	颶風式	15架	3架	諾索爾特（Northolt）
第229中隊	颶風式	19架	-	諾索爾特
波蘭第303中隊	颶風式	15架	4架	諾索爾特
第264中隊	挑戰式	8架	-	諾索爾特
第504中隊	颶風式	15架	-	漢頓
宏恩卻奇防區				
第603中隊	噴火式	14架	5架	宏恩卻奇
第600中隊	布倫亨式	13架	5架	宏恩卻奇
	標緻戰士	6架	6架	宏恩卻奇
第41中隊	噴火式	12架	6架	洛奇福德
第222中隊	噴火式	11架	3架	洛奇福德
北威爾德防區				
第249中隊	颶風式	17架	1架	北威爾德
部分第23中隊	布倫亨式	7架	5架	北威爾德
	標緻戰士	5架	-	北威爾德
第46中隊	颶風式	14架	3架	史塔普福德托尼（Stapleford Tawney）
第伯登防區				
第17中隊	颶風式	15架	3架	第伯登
第73中隊	颶風式	14架	-	卡索爾營地（Castle Camps）
第257中隊	颶風式	14架	4架	馬托夏荒地（Martlesham Heath）
部分第25中隊	布倫亨式	5架	5架	馬托夏荒地
譚密爾防區				
第213中隊	颶風式	13架	6架	譚密爾

第607中隊	颶風式	19架	1架	譚密爾
第602中隊	噴火式	15架	4架	西安普奈特（Westhampnett）
部分第23中隊	布倫亨式	10架	5架	福特
	標緻戰士	1架	-	福特
第12聯隊〔總部諾丁漢郡（Nottinghamshire）的瓦特那爾（Watnall）〕				
杜克斯福德防區				
第242中隊	颶風式	17架	-	杜克斯福德
捷克第310中隊	颶風式	18架	2架	杜克斯福德
捷克第312中隊	颶風式	4架	5架	杜克斯福德（沒有運作）
第19中隊	噴火式	14架	-	弗梅爾（Fowlmere）
柯提夏防區				
第74中隊	噴火式	14架	8架	柯提夏（Coltishall）
威特靈防區				
第1中隊	颶風式	16架	2架	威特靈（Wittering）
第266中隊	噴火式	14架	5架	威特靈
迪格比防區				
第611中隊	噴火式	17架	1架	迪格比（Digby，9月15日早晨轉往弗梅爾）
第151中隊	颶風式	17架	1架	迪格比
第29中隊	布倫亨式	16架	5架	迪格比
	標緻戰士	1架	-	迪格比
柯頓茵林德塞防區				
第616中隊	噴火式	14架	4架	柯頓茵林德塞
第264中隊	挑戰式	6架	4架	柯頓茵林德塞
波蘭第307中隊	挑戰式	8架	8架	柯頓茵林德塞

處起火點位在索利碼頭（Surrey Docks）的魁北克庭院（Quebec Yard）附近，那裡的大火繼續延燒，成為英國史上最嚴重的單起火災事件。

當八日清晨所有的空襲警報解除以後，英國統計，除了九處「大火災」之外，還有十九處「大火」、四十處「嚴重失火」和近一千處小一點的火災。平民的傷亡十分慘重，有四百三十人喪生，約一千六百人重傷。

倫敦的消防隊於八日白天的時候盡全力撲滅火勢，他們相當清楚，任何餘火到了晚上就會變成引導德國轟炸機的「烽火臺」。雖然英國消防隊員盡了最大的努力，但入夜之後，仍有幾處大火未能熄滅。火光又引來了二百架左右的德國轟炸機，使得殘餘的火勢再度延燒起來，其他地方亦開始燃燒。九日早晨，有十二處「大火災」於倫敦碼頭區肆虐，並造成四百一十二人喪命，七百四十七人重傷。

倫敦夜空的「閃電戰」就此展開。接下來的六十五個晚上，德國空軍每晚都派出成群的轟炸機空襲英國首都，除了其中一晚因為天候惡劣而未發動攻擊。

九月九日下午，德國空軍針對倫敦進行第二次白晝轟炸，可是濃密的雲層妨礙了他們的行動，有二十五架德國戰機遭到摧毀，英國皇家空軍則損失十八架。兩天後，即十一日，德國空軍又向英國首都發動日間攻擊，再度重創碼頭區。在這起空戰中，英國皇家空軍失利，他們有二十八架噴火式與颶風式被擊落，卻只打下二十四架德國戰機。十四日，德國轟炸機繼續試圖蹂躪倫敦，但又因目標上空雲層太厚而挫敗。德國空軍有十架戰機折翼，英國皇家空軍則為十二架。

在前四起日間轟炸倫敦的行動中，英國皇家空軍戰鬥機指揮部的管制官由於一些因素，沒有引導適當比例的戰鬥機前往攔截。德國空軍首次針對倫敦的大規模空襲，出乎英國人的意料之外（轟炸一國的首都肯定會引來報復，若非全面性戰爭，雙方皆會盡量避免採取此一政治後果嚴重的策略），大多數的中隊都部署到機場附近，所以未能及時阻止對手的肆虐。後三起轟炸行動期間，雖然雲層讓德國轟炸機無法順利找到目標，但同樣妨礙了英國地面觀測員追蹤敵機的動向，使得管制官難以引導戰鬥機中隊進行攔截。

就在如此陰錯陽差的情況下，「德國空軍總部」（Luftwaffe High Command, OKL）的將領與參謀們對

容克斯Ju 88型轟炸機

不列顛之役期間，容克斯Ju 88型是德國空軍最現代化的轟炸機，它的機身結構十分堅固，能夠進行俯衝攻擊。該機有四名成員：飛行員、領航員兼投彈瞄準手、無線電操作員兼後射機槍手和航空技師兼機腹機槍手。這款快速轟炸機的巡航速度為每小時三百零五公里（一百九十哩），最高時速則可達到四百四十公里（二百七十三哩）。如果Ju 88的機組員充分警覺，而且情況適合的話，他們經常會以高速俯衝來躲避英國戰鬥機的追擊。

由於Ju 88的性能優異，可以擔任各式各樣的角色，如水平轟炸機、俯衝轟炸機、對地攻擊機、夜間戰鬥機與空拍偵察機等等。其武裝為至多四挺七．九二公釐（〇．三一吋）機槍，載彈量一千公斤（二千二百零五磅）。

這一排全新的Ju 88A型轟炸機才剛出廠，他們在進行最後的檢查。

這架出廠編號（W.Nr.）3134，部隊標誌9K+EL的容克斯Ju 88A-1型（上照與下照）隸屬於第51轟炸機聯隊，該機的機首兩側皆漆著「高山薄雪草」的隊徽。

這張照片是在德國空軍於9月7/8日晚上空襲倫敦之後所拍攝，炸彈爆炸的威力摧毀了史戴佩尼路（Stepny Way）上的建築物。雖然白晝轟炸難免會造成無辜平民的傷亡，但德國空軍的夜間盲目空襲卻為倫敦市民的生命財產帶來最嚴重的威脅。

1940年9月7/8日晚間，倫敦遭德國空軍轟炸之後，其中一處大火從索利碼頭的魁北克庭院附近開始延燒，演變成英國史上最嚴重的單起火災。英國消防隊總共動用了一百三十九具幫浦抽水才控制住火勢。

「早料中的大轟炸已經降臨……」

「……這的確是令人怵目驚心的景象。黑色的濃煙像不斷翻騰的巨大波狀雲，螺旋形地直衝藍天；熊熊的火焰持續竄燒；遠處有幾顆笨重的炸彈落下，砰地一聲炸開，劇烈的聲響傳來；空氣中還有刺鼻的燒焦味。整個碼頭似乎變成一座人間煉獄，可以看見一小點一小點的白色水蒸汽，一直冒上天空；到處都有戰鬥過的跡象，我方的戰鬥機迂迴飛行，盡全力阻撓敵人打擊倫敦的心臟地帶。

如此壯烈的景象似乎有一種令人毛骨悚然的誘惑力，我們受到蠱惑，一動也不動地盯著眼前的大火。我亦呆了好一陣子才拔腿逃跑，向街道奔去。然後，我又發現那裡尚有一種不切實際的詭異氣氛。儘管空襲警報已經結束，可是街道上幾乎是空蕩蕩的，只有消防車和載著消防器具的卡車一輛接一輛地迅速湧進碼頭區，而且警鈴不斷地響著，情勢想必非常危急。港務局長正在那裡指揮交通，路上行人十分少見，這時我才茫茫然地意識到，早料中的大轟炸已經降臨……。」

空襲預警監察長，約翰．哈德索（John Hodsoll）中校，在9月7日從白廳（Whitehall）的總部辦公室屋頂目睹倫敦碼頭區遭受毀滅性攻擊的景象。

1940年9月7日，倫敦的碼頭區遭受轟炸之後，濃煙直衝雲霄。這張照片是從能夠俯瞰「艦隊街」（Fleet Street）的某一棟建築物屋頂所拍攝。

不列顛之役的發展做出完全錯誤的評估。他們的參謀官指出，在這四起空襲行動中，德國轟炸機編隊並未遭遇如同八月間，敵方猛烈且有效率的攻擊，英國皇家空軍戰鬥機指揮部似乎正瀕臨崩潰的邊緣。若戰鬥機指揮部已經是奄奄一息的話，那麼最佳的策略便是向英國的首都發動一連串大規模轟炸，迫使殘存的戰鬥機投入作戰。這麼一來，護航的梅塞希密特即可徹底消滅他們。

為了達成此一目標，德國空軍計畫在九月十五日向倫敦發動兩起大規模日間空襲，兩起轟炸行動相隔兩個小時，第2航空軍團所有可派的Bf 109單位則予以護航，每一架戰鬥機至少會出擊兩次。

在第一起行動中，德國空軍轟炸機部隊的首要目標為巴特希（Battersea）的萊屈密爾（Latchmere）鐵路連結點，那裡是倫敦鐵道運輸系統的樞紐。第二起行動則是轟炸倫敦四個主要碼頭區，即索利商業碼頭（Surrey Commercial Dock）、西印度碼頭（West India Dock）、皇家維多利亞碼頭（Royal Victoria Dock）與皇家艾伯特碼頭（Royal Albert Dock）。德國空軍預料，這兩起大規模空襲不但能造成物質上的極大破壞，亦能藉由凸顯英國首都的脆弱性來重創敵人的士氣。

針對倫敦的第一起日間轟炸行動預計在午後不久展開。進攻部隊由第2教導聯隊（Lehr Geschwader 2）

梅塞希密特Bf 110C型驅逐機

在不列顛之役期間，梅塞希密特Bf 110C型是德國空軍標準的雙引擎戰鬥機，又稱重型戰鬥機或驅逐機。雖然它的作戰半徑夠長，能夠保護轟炸機打擊更遙遠的目標，但機動性卻不足以和英國皇家空軍的單座戰鬥機匹配。

梅塞希密特Bf 110可搭載兩名成員：飛行員與無線電操作員兼後射機槍手。該機的最高時速可達五百六十二公里（三百四十九哩），武裝為機首兩門二十公釐MG FF型加農砲和四挺七．九二公釐MG 17型機槍，及座艙罩後方一挺七．九二公釐MG 15型機槍，載彈量約一千公斤（二千二百磅）。在英倫大空戰中，Bf 110主要是作為長程護航機與戰鬥轟炸機，亦擔任空拍偵察機的角色。

這兩張照片中的Bf 110機首彩繪著醒目的鯊嘴，是第76驅逐機聯隊第2大隊的獨特標記。

這架梅塞希密特Bf 110C-5型隸屬於第4偵察機大隊第4（長程偵察）中隊（4.(F)/Aufklärungsgruppe 4），於1940年7月21日遭第238中隊的颶風式攻擊而迫降到英國南部的機場。該機是英國人擄獲的第一架完好無缺的Bf 110C型，後來漆上英國皇家空軍的標誌來進行測試。

日後的德國空軍夜戰王牌，漢斯—約阿辛姆．賈伯斯（Hans-Joachim Jabs）站在他的Bf 110前留影，拍攝於1940年初冬。當時賈伯斯隸屬於第76驅逐機聯隊第2大隊，參與過不列顛之役。

看起來悶悶不樂的英國首相溫斯頓．邱吉爾正與威斯特罕（West Ham）鎮公所書記查爾斯．克蘭菲爾德（Charles Cranfield）視察溫徹斯特街（Winchester Street）上，被炸成廢墟的「希爾弗鎮橡膠公司」（Silvertown Rubber Company）工廠，拍攝於9月8日。

這架第51戰鬥機聯隊的Bf 109因為燃料用罄而迫降在法國北海岸。德國空軍於1940年9月空襲倫敦的行動期間，派出大批的Bf 109為轟炸機編隊護航。然而，這款單座戰鬥機的作戰半徑十分有限，導致不少架尚未抵達基地即耗盡燃料而損失。

的二十一架梅塞希密特Bf 109戰鬥轟炸機和第76轟炸機聯隊的二十七架都尼爾Do 17雙引擎轟炸機組成，有一百八十架左右的Bf 109戰鬥機予以護航。戰鬥轟炸機的任務是向倫敦東南區的鐵道目標發動牽制性的佯攻，好讓都尼爾轟炸機能夠順利重創巴特希的高架橋與鐵路網。

然而，德國空軍的行動幾乎是一開始就出師不利。正當都尼爾轟炸機群前往巴德加萊與護航部隊會合的時候，他們便發現雲層比預期的還厚。所有的轟炸機不得不分散開來以免相撞，而且指揮官阿洛伊斯．林德麥爾（Alois Lindmayr）少校還必須飛到雲層上方盤旋幾分鐘以重整隊伍。

都尼爾轟炸機好不容易在巴德加萊與護航機會合完畢之後，便朝西北方航向倫敦，但他們於途中又遭遇強勁的風勢。轟炸機已爬升到一萬六千呎（四千八百八十公尺）的高空，可是那裡的逆風時速仍

兩架墜毀的亨克爾He 111轟炸機冒出羽狀的濃煙，其中一架隸屬於第1轟炸機聯隊，另一架則為第26轟炸機聯隊。他們的殘骸相隔數百碼，皆墜毀在倫敦南部肯特郡利德（Lydd）附近，拍攝於1940年9月11日。

第66中隊的一架噴火式戰鬥機結束巡邏任務之後，正要降落到肯特郡的格雷夫森德（Gravesend）基地，拍攝於1940年9月底。照片前方編號R6800的噴火式平常由中隊長魯佩爾特·「幸運」·利（Rupert "Lucky" Leigh）少校駕駛，他在座艙罩下方漆上相當罕見的戰前軍階標誌，螺旋槳的機頭罩亦塗成紅色。R6800號噴火式後方的則是第501「格勞斯特郡」（County of Gloucester）中隊的颶風式，該中隊的基地在肯利，但他們有時候亦從格雷夫森德起飛作戰。

第92中隊的艾倫·萊特（Alan Wright）少尉幸運逃過一劫。他在1940年9月9日與一架Bf 109戰鬥機交火時，一發子彈由後方射穿了噴火式座艙的透明塑膠罩，打在強化擋風玻璃上，機槍瞄準器的投射幕也碎裂，但萊特很幸運地毫髮未傷。

火燒倫敦

《前線》（Front Line）一書中，倫敦消防隊（London Fire Brigade）的史學家記載：

「在伍爾威奇軍火庫（Woolwich Arsenal），消防人員於未引爆的彈藥箱與裝滿硝化甘油瓶的條板箱周圍和大火搏鬥，這裡是倫敦首要的軍事目標，很容易遭受轟炸。不過，在碼頭區的情景才令人覺得不可思議。那裡的火勢更加猛烈，四周的空氣充滿刺鼻的微粒，所以只要深呼吸一口氣，就會感到自己也快燒起來了一樣。

這是一場奇特的火災，強烈的水注由倉庫門口向裡面噴，存放的木桶爆開就如同炸彈爆炸一樣。這場大火好像在作畫，炙熱的火焰竄出，為幫浦塗上一層假漆，好幾個星期也清除不掉。另外，橡膠起火所產生的黑色濃煙會讓人窒息，因此消防員只能從遠處滅火，而且他們隨時有嗆傷的危險。火場旁邊還有似乎是糖的東西，已經熔成液體，漂浮在小港灣上。燃燒的茶變得『既芳香又令人作嘔，氣味非常濃烈』，在燒熱的茶葉上噴灑冷水味道更是古怪。一間穀倉起火的時候產生了大量的懸浮物，他們掉落黏在堤邊的牆上。消防隊員以水注沖洗牆面，牆角則有數百隻的老鼠在亂竄。」

凱瑟琳碼頭（Katherine' s Dock）的倉庫為祝融吞沒，拍攝於1940年9月11日。

一輛擄獲的法製輕型戰車底盤，正拖曳著一架漆上夜間偽裝彩的亨克爾He 111轟炸機。

德國空軍的地勤人員正推著一具可移動式加熱器，為一架漆上黑色迷彩的He 111轟炸機的引擎暖機。到了1940年9月初，德國空軍的轟炸機單位開始為部分戰機漆上黑色的偽裝彩以執行夜戰任務。

然而此時，德國轟炸機部隊於法國上空集結之際所發生的延誤，加上與強勁逆風搏鬥的拖延，造成了嚴重的後果。當轟炸機抵達英國首都的時候，他們的進度已經落後半個小時以上。對都尼爾來說，這樣的推遲沒有什麼影響，其油料十分充沛，但對護航的Bf 109而言又是另外一回事了。即使於風勢有利的條件下，倫敦仍遠在德國戰鬥機的有效作戰半徑邊緣。他們飛抵倫敦東部郊區之時，油料就已快消耗殆盡，不得不中斷行動返航。因此，都尼爾開始轟炸巴特希的時候，沒有任何一架戰鬥機為他們護航。

帕克少將並不知道對手的窘境，但他乃決定在倫敦東區發動大規模反擊。最後，帕克命令戰鬥機管制官另派十二個中隊到那裡。這些中隊是兩兩成雙地集結，不是一個噴火式中隊搭配一個颶風式中隊，就是兩個颶風式中隊。除此之外，從劍橋（Cambridge）附近的杜克斯福德，還趕來了第12聯隊的大批支援——道格拉斯．巴德爾（Douglas Bader）少校的五個中隊，總共高達一百四十四公里（九十哩）。

與此同時，一小群的Bf 109戰鬥轟炸機被英國皇家空軍的管制官誤認為是伺機獵殺的襲擾部隊，因此英國戰鬥機飛行員接獲命令：除非有必要，否則不理會對手以保留戰力。結果，德國空軍的戰鬥轟炸機未受干擾地飛抵倫敦，只是他們的轟炸非常不準確。梅塞希密特投下的炸彈散落在蘭伯斯（Lambeth）、史崔森（Streatham）、杜威奇（Dulwich）與潘吉（Penge）自治區一帶，沒有造成太大的破壞，平民的傷亡亦不嚴重。然後，德國戰鬥轟炸機便揚長而去，無任何損失。

由於Bf 109戰鬥轟炸機的牽制失敗，都尼爾轟炸機和護航的梅塞希密特就得一路奮戰到倫敦。他們行經廣大的肯特郡之時，爆發了一連串小規模的空戰，十一個中隊的颶風式與噴火式捲入激烈戰鬥。德國的護航機使出混身解數，盡全力掩護轟炸機編隊，因此都尼爾轟炸機得以安然抵達目標，沒有折損任何一架，而且仍舊維持著作戰隊形。

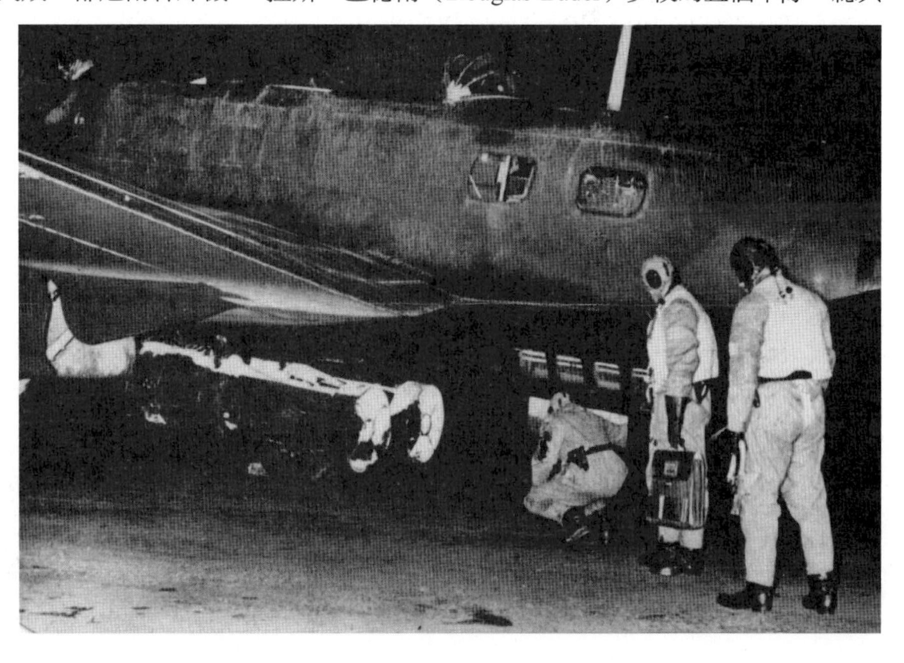

第4轟炸機聯隊的成員正準備登上他們的He 111轟炸機，執行夜間任務。該機的機身外部掛架承載著兩顆1,000公斤（2,205磅）高爆彈。

一群德國空軍的都尼爾Do 17轟炸機正排成戰鬥隊形向上爬升。

三十五架颶風式與二十架噴火式戰鬥機。他的「飛行大隊」（Big Wing）首次全力投入作戰。

都尼爾進行轟炸期間維持著緊密的隊形，他們的機槍手與難纏的敵機展開激烈交鋒，其中一架轟炸機的引擎受創，被迫脫離隊伍。這架脫隊的都尼爾立刻引來幾架戰鬥機的窮追猛打。很快地，三名機組員跳傘逃生，另一名可能已經陣亡或因傷勢太重，無法逃離註定毀滅的轟炸機。

德國轟炸機紛紛投下炸彈之後，即向左舷大轉彎準備返航。至於那架脫隊且無人駕駛的都尼爾則繼續朝西北方，往倫敦的市中心墜落，而且幾架英國戰鬥機依舊緊追不捨。第504中隊的颶風式飛行員，雷伊．福爾摩斯（Ray Holmes）中士當時向這架轟炸機發動正面攻擊，他迅速瞄準開火，但機槍一會兒就沉靜下來——彈藥用罄了。福爾摩斯日後回憶：「我沒有時間評估情勢，這架飛機看起來如此不堪一擊，我不認為它是什麼堅不可摧的東西……我當時以為能夠直接（衝撞）切開它，沒有考慮到這架飛機比我還堅固（福爾摩斯並未意識到該機實際上已無人駕駛）。」

一瞬間，英國戰鬥機的左翼便打中都尼爾的機身後部，切斷整個機尾。這架轟炸機失去了重要部位之後，便筆直地往下墜。結果，其外翼承受巨大的壓力，所以引擎吊艙外的機翼應聲斷裂，好像他們是由輕木與薄紙做成的一樣。颶風式亦遭受嚴重的結構損壞，並失去控制。

接著，滿載炸彈的都尼爾開始急速螺旋下降，強大的重力使得該機已經相當脆弱的機身結構進一步瓦解。兩顆五十公斤炸彈和一個掛滿燒夷彈的夾艙被扭出掛架，撞破了彈艙側壁。其中一顆五十公斤炸彈掉落到白金漢宮（Buckingham Palace），它彈跳了一會兒，穿過幾棟房子的屋頂，最後砸進一間皇家寓所的浴室裡。另一顆炸彈與裝著十六顆燒夷彈的夾艙則掉在白金漢宮的庭園中。這兩顆炸彈的引信並未啟動，因此沒有爆炸。幾顆燒夷彈砸到地面時，於草地上引發了小火災，但很快就被宮內的警戒人員撲滅。

福爾摩斯的颶風式戰鬥機墜毀在白金漢宮路（Buckingham Palace Road）與雀爾希（Chelsea）自治區平利寇路（Pimlico Road）的交叉點上。重達半公噸的引擎擦撞到碎石柏油路面，並深深插入下方的泥土中，打斷了該路的主要水管。都尼爾的機身殘骸掉在維多利亞車站（Victoria Station）的前院，而機尾則砸毀了瓦克斯霍大橋路（Vauxhall Bridge Road）一棟民宅的屋頂。

雖然炸彈與兩架飛機的殘骸墜落到人口稠密的地區，卻沒有任何居民傷亡。福爾摩斯僅受了輕傷，能夠自己從平利寇路旁一棟三層樓平房的屋頂上走下來。三名跳傘逃生的德國機組員當中，有兩名立刻被俘，但另一名非常不幸地慘遭英國群眾圍毆，翌日傷重不治。

Do 17部隊返航的時候，遇上英國十二個中隊以上的大批戰鬥機攻擊。其中一架由魯夫．海契（Rolf

Heitsch）上士駕駛的轟炸機，搭載著一具步兵火焰噴射器，打算用來驅逐敵方戰鬥機。海契的都尼爾一具引擎遭擊毀，所以他飛到雲層裡尋求掩蔽，幾架英國戰鬥機則緊追不捨。當第一架敵機開火之際，都尼爾的無線電操作員便向它施放一陣火焰。在這款武器的首次空戰試驗中，證明比一無是處還要糟糕。由於高空的空氣稀薄，燃油無法完全燃燒，只能噴發出一絲烈焰，而且距離也不遠，僅僅一百碼左右。除此之外，它一點都沒有嚇到攻擊者，卻造成反效果。向後延燒的火舌讓英國皇家空軍的飛行員，誤以為都尼爾是遭受重創而內爆，因此幾架戰鬥機大膽地逼近，企圖予以對手最後一擊。很快地，海契的都尼爾另一具引擎亦被擊毀，不得不迫降到塞文奧克斯附近。

就在德國轟炸機部隊返航期間，還有九架都尼爾嚴重受損而脫離隊伍，其中五架很快便遭英國戰鬥機擊落。當他們抵達梅德斯登（Maidstone）附近時，大批的Bf 109戰鬥機被派來護航。另外，對德國空軍有利的是，時速大約九十哩（一百四十四公里）的風勢，妨礙了攻擊者的行動。在四十五分鐘左右的戰鬥中，二十五架飛越英國海岸的都尼爾轟炸機，有六架被摧毀，四架跛行返回法國的基地，其餘的Do 17亦蒙受不同程度的損傷。

第76轟炸機聯隊的損失十分慘重，但考量到他們在倫敦上空失去戰鬥機的護航，以及面對占壓倒性數量優勢的敵機猛攻，有任何一架都尼爾能夠倖存下來就已經算是奇蹟。事實上，四分之三的轟炸機得以返航，歸功於第76轟炸機聯隊第3大隊指揮官，阿洛伊斯・林德麥爾少校的領導才華，還有他麾下飛行組員的高超戰技和嚴格的紀律。林德麥爾下令部隊減緩速度，並維持緊密的隊形，使都尼爾的交叉防禦火網發揮最大效用，進而躲過全軍覆沒的命運。以任何的標準來看，林德麥爾的撤退行動可說是極其成功。

正當第76轟炸機聯隊的都尼爾飛離英國海岸之際，另一批德國轟炸機亦緩緩升空，準備發動午後的空襲，其目標亦是倫敦的碼頭區。他們同樣先在法國的巴德加萊集結，但規模遠比前一批部隊龐大，總共有一百一十四架都尼爾Do 17型與亨克爾He 111型轟炸機。

一架都尼爾Do 17轟炸機正投下一長串的炸彈，它的彈艙可容納二十顆50公斤（110磅）高爆彈。

「他們簡直發了瘋……」

「當空襲警報響起，我們的巴士立刻停了下來，而我趕緊躲到『橢圓』（The Oval）地下鐵站對面的商店門口尋找掩蔽。在我們的頭頂上有一大群飛機展開激烈空戰。接著，我看見一架轟炸機於空中解體，三名成員跳傘逃生，其中一名就降落到地下鐵車站旁。他的降落傘纏住電纜線，整個身體便這樣吊著，並未完全著地。不久，群眾從四面八方湧來，高喊：『殺了他，殺了他！』他們把德國人扯下來，簡直發了瘋，有些趕來的女人還帶著刀子與火鉗，衝過去即一陣亂打。我為這名年輕的小伙子感到可憐，卻無能為力。最後，一輛軍用卡車抵達現場，六名士兵奮力穿過人群，把他拖到卡車上，並驅車離去。」

史崔森自治區，艾洛伊（Iorry）司機，華爾特．徹斯尼（Walter Chesney）
（這名遭群眾圍毆的德國飛行組員於第二天因傷重不治）

由於雷達的預警，英國皇家空軍的戰鬥機中隊於接近十四點的時候，緊急起飛應戰。另外，八個中隊亦已在薛爾尼斯（Sheerness）、雀爾姆斯福德（Chelmsford）、宏恩卻奇與肯利上空巡邏，每一個地區皆有兩個中隊保持防空警戒。

德國空軍的先鋒一越過丹吉尼斯（Dungeness），即轉往北北西方向航行。當他們抵達肯特郡上空，由三個大隊組成的轟炸機群便排列成一線，總長度約三哩（四．八二公里）寬，其左翼為第2轟炸機聯隊的Do 17型，中央是第53轟炸機聯隊的He 111型，右翼則為第3轟炸機聯隊的Do 17型，後面還跟隨著第26轟炸機聯隊的亨克爾。

第3轟炸機聯隊的海因茲．基爾許（Heinz Kirsch）上士描述他坐在都尼爾的機艙內，飛越英國海岸時的心情：「在我們的轟炸機裡顯得十分安靜。無線電鴉雀無聲，機槍的保險栓已經打開，我們戴上鋼盔，每一個人都專注地巡視自己負責的空域。我們目前還沒有發現敵機，最近幾次的行動中，與英國戰鬥機的接觸不多，有Bf 109的貼身保護讓我們感到很放心。」

已經展開部署的英國戰鬥機中隊在羅姆尼沼地（Romney Marsh）上空與敵人交鋒。首當其衝的單位是第41、第92與第222中隊，他們總共有二十七架噴火式，而且很快就和梅塞希密特Bf 109爆發纏鬥戰。

隨著初期作戰回報傳到帕克少將的總部，他麾下的最後兩個日間戰鬥機中隊，即第303與第602中隊也緊急起飛應戰。此時，第11聯隊所有的噴火式與颶風式中隊（二十一個中隊）都已升空，不是正和敵機交火，就是前往攔截途中。另外，第12聯隊的道格拉斯．巴德爾

「他們請我們茶水和餅乾……」

「我們的亨克爾右舷引擎遭戰鬥機的子彈擊中而起火。當我們進行迫降，機腹著地之後，整架飛機便燒了起來。我把我的證件和手槍擲到火堆裡，以免落入敵人手中，然後爬出飛機。這時，一些英國士兵趕抵現場，並向我們開槍。我們跳下飛機，躲在後面找掩蔽。接著，我拿出白色手帕揮舞，對方便停止射擊。敵人走了過來，我發現他們都是老人——本土防衛隊（Home Guard）。我們被俘後，受到很好的待遇。星期日下午，英國士兵還帶我們到他們的營地，請我們茶水和餅乾。」

第53轟炸機聯隊，亨克爾He 111領航員，馬克斯．格魯伯（Max Gruber）少校

1940年9月15日，第504中隊的雷伊．福爾摩斯中士駕駛颶風式戰鬥機，在倫敦上空撞擊一架第76轟炸機聯隊的都尼爾。結果，德國轟炸機墜毀在維多利亞車站旁邊，而福爾摩斯跳傘逃生，降落到平利寇區，僅受了輕傷。

都尼爾轟炸機的左舷尾翼與方向舵掉落到瓦克斯霍大橋路一棟民宅的屋頂上，一名士兵則在看守這塊殘骸，以免遭民眾取走。

福爾摩斯中士所撞毀的都尼爾轟炸機於天空中螺旋下降（最左照片），其機尾（中間照片）與外部機翼已經斷裂。照片下方還可見到失去控制的颶風式戰鬥機。這兩張照片拍攝後幾秒鐘，都尼爾轟炸機即墜毀在維多利亞車站旁，而颶風式則墜落到白金漢宮路與雀爾希自治區平利寇路的交叉點上。

第3轟炸機聯隊的軍械士正在為隊上的都尼爾Do 17轟炸機裝載50公斤（110磅）炸彈。

少校再次率領他的大隊（五個戰鬥機中隊）航向南方，而西部的第10聯隊亦派三個中隊來守護倫敦。

為了反制德國空軍針對英國首都的大規模攻擊，戰鬥機指揮部集結了二百七十六架噴火式與颶風式，數量比中午的行動稍多。不過，德國空軍的突襲部隊更加龐大，占有二比一以上的優勢。就戰鬥機的數量來說，Bf 109和颶風式與噴火式的比例亦達到三比二。

第二批捲入激戰的英國皇家空軍單位包括第607與第213中隊的二十三架颶風式，他們試圖繞過護航的梅塞希密特，向第3轟炸機聯隊的都尼爾發動攻擊。第607中隊的帕迪．史蒂文生少尉（Pilot Officer Paddy Stephenson）朝其中一架Do 17進行短暫掃射，正當他準備拉起機首，避開目標之際，另一架颶風式突然從他頭頂上飛過，打斷了脫離航道。在變化倏忽的空戰中，根本沒有多餘的時間思考，史蒂文生乃決定維持航線，直接衝向前方的都尼爾，以免和友機相撞。

轉眼間，史蒂文生的颶風式即擦撞到都尼爾，其機尾立刻失去控制。它翻滾了半圈，上下顛倒地俯衝墜落。史蒂文生奮力爬出戰鬥機，成功跳傘逃生。同時，那架結構受損的Do 17亦急速螺旋下降，然後一頭栽進肯特郡基恩丘陵（Kilndown）附近的小森林裡，無人逃出都尼爾的駕駛艙。

德國轟炸機周圍的空戰持續進行，颶風式分散為幾個小隊，加入噴火式戰鬥機群的行列，企圖由後方或側翼擊落轟炸機。不過，梅塞希密特屢屢從高空俯衝下來，迫使英國戰鬥機中斷行動，趕緊逃散。另外，德國的轟炸機亦維持緊密的隊形，利用強大的交叉火網，驅離任何進入射程的敵機。

對那些奉命為轟炸機貼身護航的梅塞希密特飛行員來說，其任務讓他們有很大的挫折感。由於不准追擊，所以很難摧毀英國戰鬥機。Bf 109往往追逐對手一

第76轟炸機聯隊第3大隊的指揮官，阿洛伊斯．林德麥爾少校於1940年9月15日中午，率領一批都尼爾Do 17轟炸機襲擊倫敦。雖然護航的梅塞希密特因缺乏油料，被迫在接近目標的時候返航，但林德麥爾繼續領導部隊發動精確的空襲。接著，他又指揮轟炸機群進行一次非常成功的撤離作戰。儘管面對十二個中隊的噴火式與颶風式追擊，卻仍有四分之三的都尼爾在狂暴的戰鬥中倖存下來，返回基地。

會兒就得調頭，返回轟炸機身邊，即使逮住再好的機會也必須放棄，否則便算是失職。因此，英國戰鬥機像是趕不走的蒼蠅一樣，驅趕後沒多久，又再回來襲擾。

接下來加入混戰的是第605與第501中隊的十四架颶風式。此刻，就在第3轟炸機聯隊因為相撞而損失第一架Do 17的四分鐘後，該單位又因同樣的情況，失去另一架都尼爾。英國皇家空軍湯姆．古柏—斯利佩爾（Tom Cooper-Slipper）少尉的颶風式逼近其中一架都尼爾之際，轟炸機的機槍手對他一陣掃射，子彈不偏不倚地卡住了戰鬥機的副翼。儘管古柏—斯利佩爾盡了全力，颶風式仍與都尼爾相撞。兩架飛機都在空中翻滾墜落，但幸好古柏—斯利佩爾和都尼爾的機組員皆及時跳傘逃生。

另一架都尼爾轟炸機的駕駛，霍斯特．舒茲（Horst Schultz）上士目睹了這起意外。他說：「英國戰鬥機從後方，由右至左撞進都尼爾的機身。隨著兩架飛機向下墜落，我看到三張降落傘打開。不過，我無法繼續看下去，我必須維持隊形，否則下場就會和他們一樣……。」

對那些看見兩架飛機相撞的德國轟炸機組員來說，他們無從得知這究竟是意外或是故意。觀看者似乎認為英國皇家空軍此時已陷入孤注一擲的困境，所以飛行員奉命衝撞轟炸機。果真如此的話，英國人的策略證明極其有效……。

初步的戰鬥稍微緩和下來之後，德國空軍的護航機重新整隊。很快地，敵對的戰鬥機又展開一連串短暫且迅猛的纏鬥。儘管有護航機的貼身保護，德國轟炸機的組員壓力減輕不少，可是此刻，他們進入了英國高射砲的射程範圍。英國的高射砲沿著泰晤士河部署，查坦（Chatham）南部與西部就集結了二十門四．五吋（一百一十四公釐）砲與八門三．七吋（九十四公釐）砲。英國砲兵向轟炸機群發動猛烈的砲擊，導致兩架德國轟炸機受創，被迫脫離隊伍。

英國皇家空軍戰鬥機指揮部已經是疲於奔命，一些中隊正與轟炸機交火，其他中隊則前往攔截從四面八方而來的敵人。這一天，溫斯頓．邱吉爾正好到凱斯．帕克位在阿克斯布里治的地下戰情室進行視察。邱吉爾觀看著桌上戰情圖所顯示的戰況，他日後描

失敗的祕密武器：裝設在第76轟炸機聯隊一架都尼爾Do 17型上的試驗性空射式火焰噴射器。該機由魯夫．海契上士駕駛，於1940年9月15日首次進行實戰測試。不過，這款武器證明相當失敗，不但未能嚇阻英國皇家空軍的飛行員，反而讓他們誤以為是都尼爾轟炸機爆炸起火，因此更加大膽地逼近目標，企圖予以致命一擊。最後，海契的轟炸機嚴重受創，迫降到塞文奧克斯附近。一名機組員傷重不治，其他人則淪為俘虜。

英國一家人正要躲進「安德生避難所」（Anderson Shelter）。這種鋼製結構的小防空洞是由英國政府所提供，可以簡單地設立在民宅後院裡。他們挽救了無數人的性命。

1940年9月15日，德國空軍向英國首都發動大規模的空襲，並蹂躪了巴特希的鐵道網絡。左照中可以清楚看出炸彈在鐵軌旁炸出一個大坑洞，房舍全毀，但右照中的工人們迅速填平修復，好讓火車能夠順利通行。

同樣在9月15日的巴特希，另一顆炸彈不偏不倚地炸斷了那裡的鐵路。

這架迫降的都尼爾Do 17型（上照與下照）隸屬於第3轟炸機聯隊第4中隊，該機於1940年9月15日轟炸倫敦的行動中遭受重創，卻仍成功返回比利時的基地，而且四名機組人員皆幸運生還。

「任何在空中戰鬥的人都有可能是受害者或殺手⋯⋯」

「對我們來說，不列顛之役並非單引擎戰鬥機間的大對決：一旦與漆著黑色十字的敵機接觸，就會是一場硬仗。我們的首要任務為摧毀德國空軍的轟炸機，並盡可能避開他們的戰鬥機。在第11聯隊的防區上空，轟炸機的機槍手打下了我們的颶風式與噴火式，可能和Bf 109一樣危險。戰鬥機指揮部有上百名飛行員遭德國轟炸機擊落過，還有許多身負重傷返回基地或於座艙內被擊斃。彼得．湯森德少校也在傷亡名單中；他是非常資深的隊長，卻為轟炸機的機槍手打下兩次⋯⋯到底誰才是受害者？對抗德國轟炸機的飛行員絕不會視他們為潛在的受害者。任何在空中戰鬥的人都有可能是受害者或殺手。要成為何者，或兩者皆是，全看情況和雙方證實的傷亡名單而定。」

第611中隊，噴火式飛行員，彼得．布朗（Peter Brown）少尉

戰鬥機飛行員的罕見決鬥

九月十五日的作戰期間，英國皇家空軍與德國空軍的戰鬥機爆發了無數起的空戰，但延續二十秒以上的一對一決鬥十分罕見。任何飛行員若緊盯同一架敵機太久，就會面臨遭另一架擊落的風險。然而當天下午，第19中隊的指揮官布萊恩．連（Brian Lane）少校為一架Bf 109攻擊的時候，雙方卻發生了一起較持久的決戰。連少校駕著他的噴火式急轉彎以躲避敵火，接著衝向對手展開反擊。他回憶：

「他發覺我繞到後面轉而追擊他，便打滿舵轉向，很快就滑落到我下方。我緊急減速，幾乎是半失速狀態，再向前猛撲，逼近之際即開火掃射，但他又迅速消失在眼前。那名德國飛行員肯定相當了解如何駕馭『109』——我還沒有見過這麼會飛的對手，而且感覺其機翼將承受不了壓力斷裂。不過，當我奮力捕捉到109的身影時，它的機翼並未斷裂。德國飛行員繼續引領我跟他跳死亡之舞。我設法發動第二次攻擊，但我不認為有打中。轉眼間，他便成功繞到我後方。我使出全力猛拉操縱桿緊急迴旋，再度逮住他，並緊咬其尾巴不放。他顯然想要盡快擺脫追擊，於是進行一次急轉彎。我看見109的翼前縫條（位在機翼的前緣，與翼縫不同）打開了，說明該機快要失速。

或許是認為噴火式的性能略勝一籌，他突然停止迴轉，卻將飛機向右翻滾半圈，上下顛倒地飛行。我不太了解對手的用意為何，除非他也希望我跟他一起翻滾，無疑知道這麼一來噴火式的引擎會熄火（因為隼式引擎裝設了『浮子』，即浮於化油汽中調節燃料供量的裝置），而109則配備燃料注射系統，所以不受影響。若非如此，就是他承受不了強大的G力，昏厥了一下，暫時不清楚發生什麼事。由於他上下顛倒地飛行長達幾秒鐘，讓我逮到絕佳的機會逼近開火。結果，這架德國戰鬥機筆直飛了一會兒，然後緩慢向下墜落，而且依舊上下顛倒地消失在雲中，很有可能已經失去控制。

我滿頭大汗，氧氣罩也溼了，黏在我的鼻子與嘴巴上。經過這場激戰之後，我感到筋疲力竭，右手臂亦因猛拉操縱桿而疼痛。在高速下進行纏鬥，劇烈推拉操縱桿需要耗費相當大的力氣。」

連少校宣稱這架戰鬥機「可能」墜毀在達特福德（Dartford），但他的說辭卻與已知的德國空軍損失兜不攏，而且九月十五日下午的空戰並沒有Bf 109墜落到距離達特福德二十哩（三十二公里）範圍內的地方。

如同一開始所說明的，戰鬥機飛行員之間的決鬥十分罕見，因為他們必需具備高超的戰技才有辦法追擊彼此。戰鬥機飛行員與敵機交火最常見的情況正如一句格言：「快速逼近，猛扣扳機，然後立刻脫離。」

述：「我察覺到指揮官很焦慮，他現在還站在屬下的座位後方。到目前為止，我不發一語地觀看，但我不得不問：『我們還有什麼其他後備力量？』帕克少將回答：『都沒有了！』他後來寫道此事的時候，形容我看起來『臉色沉重』。或許我是。若我們返回基地加油的飛機在地面上遭受另一批四十多架或五十多架敵機的攻擊，簡直是坐以待斃！這場賭注太大了，我們的籌碼很少，風險卻是無限。」

就在邱吉爾對話的同時，約十四點三十五分，是星期天下午的關鍵時刻。第11聯隊和鄰近該防區的每一架噴火式與颶風式都已經升空作戰。如同稍早的行動，帕克派大批的戰鬥機到倫敦前方攔截入侵者。至少有十九個剛派出去的中隊航向英國首都的南部和東部，總共一百八十五架噴火式與颶風式戰鬥機。

德國空軍第3轟炸機聯隊再次成為首當其衝的單位。海因茲·基爾許上士回憶：「……陌生的聲音傳來：『戰鬥機正對機尾！』我們遭受攻擊。接著，無線電操作員大喊：『左升降舵被擊中！』兩架颶風式像一對影子般掃過，他們的速度太快，我們來不及『打招呼』。更多的子彈襲來，駕駛艙頂部開始冒煙。英國兵（Tommies）賭上了一切；我們從來沒有遭受過這麼猛烈的打擊。戰鬥機由正後方開火之後，便向左或向右迅速超越我們。戰鬥機太靠近，我還以為他們要直接撞上來。」

菲格（Figge）下士駕駛的都尼爾轟炸機於1940年9月15日的午後激戰期間，遭受英國戰鬥機群的追殺，卻仍成功返回法國基地。他迫降在普哇克斯（Poix）附近。這架轟炸機已經無法修復，它的機身上有兩百多個0.303吋子彈擊中後所留下的彈孔。

弗洛里安（Florian）中尉是這架都尼爾轟炸機的觀察員，他穿上野戰服來覆蓋傷痕，而且還大口暢飲救援小組所帶來的葡萄酒。

菲格的都尼爾轟炸機左翼特寫。原先的照片可以算出超過五十個彈孔，顯示它至少遭受一架以上的英國戰鬥機從近距離掃射。

德國空軍的騙局

亨克爾He 100型是德國在戰間期研發新式戰鬥機的時候，梅塞希密特Bf 109型的主要競爭對手。雖然它的速度較快，卻難以駕馭，因此從未投入量產。一九四〇年中期，德國空軍精心策畫了一場騙局，十二架He 100D型的其中九架漆上了假單位的徽章，然後排成一列拍下照片，企圖蒙騙英國人，重新命名的「亨克爾He 113型」已經部署到前線作戰。德國空軍的騙局相當成功，不列顛之役期間，一些英國皇家空軍飛行員宣稱與這些新式戰鬥機交手，甚至擊落了幾架——儘管沒有找到任何殘骸可以證明他們的說辭。

德國空軍的飛行員正在一架亨克爾He 113的機尾漆上偽造的擊殺標記。事實上，這款戰鬥機從未在實戰中開火過。

從倫敦歸來——1940年9月15日

「我們僅以一具引擎返回安特衛普，而且並未回到基地，卻是緊急迫降在一條小路旁。我放下起落架，啟動主輪煞車，降落到一塊草地上，輪胎全都磨破了。都尼爾著陸的時候是機鼻碰地，然後機鼻和兩個主輪一直沿著地面滑行。當飛機停下來之後，整個機尾便猛然垂下。我們終於回家了！

無線電操作員降下出入口的梯子，大量的空彈殼像小溪般流到草地上。接著，大家小心翼翼地將受傷的航空技師抬出去，再攙扶他到遠離飛機二十公尺之處。然後，我們點起香菸——那是我所抽過最令人怡然自得的菸！

起初，四周都沒有人煙，不久出現了幾位平民，最後才有一些德國士兵趕來，並呼叫救護車。我與無線電操作員一同繞行，去檢視帶我們回來的都尼爾。這架可靠的轟炸機嚴重受創，上面有兩百多個彈孔。我朝右舷引擎的整流罩內窺探，想要了解究竟發生什麼問題，結果看見一整個汽缸頭被打掉，它就躺在整流罩的底部。」

第3轟炸機聯隊，都尼爾Do 17飛行員，霍斯特．舒茲上士

這一波攻擊又讓三架都尼爾轟炸機受創而脫離隊伍。第54戰鬥機聯隊的漢斯．施莫勒爾—哈爾迪（Hans Schmoller-Haldy）中尉駕著他的Bf 109為一批亨克爾轟炸機貼身護航，親眼看見前方不遠的都尼爾向下墜落。他說：「到處都是降落傘。幾架英國戰鬥機在都尼爾周圍穿梭。我心想：『這些可憐的人……！』卻無能為力，我們奉命待在亨克爾的身邊。」不久之後，施莫勒爾—哈爾迪與他的隊友就必須展開行動，因為一個颶風式中隊企圖猛攻亨克爾轟炸機。

在倫敦上空，道格拉斯．巴德爾少校的「大隊」再度捲入激烈戰鬥，但這次他們太晚升空。五個中隊抵達首都之際仍在爬升，而且幾乎是立刻遭到自由獵殺的Bf 109攻擊，對手迅速俯衝下來。巴德爾命令三個颶風式中隊散開前往迎戰；同時，噴火式也轉變他們一般擔任纏鬥戰鬥機的角色，企圖攔截轟炸機群。

巴德爾的作戰報告敘述了接來下的混戰：「一架Me 109由後方襲擊的時候，我下令散開，並急速向上爬升迴旋。（由於G力）我的背脊幾乎快要斷掉，眼前也部分漆黑，差一點與黃色二號〔由考勞利—米林（Crowley-Milling）少尉駕駛〕相撞。受到該機螺旋氣流的影響，我筆直地下降五千呎（一千五百二十四公尺），沒有開任何一槍。我再度爬升，看見雙引擎的敵機向西飛去。我一進入射程範圍便短暫開火（約三秒鐘），卻又受螺旋氣流影響而失速，並往下墜。」

巴德爾少校的「大隊」未能如預期地向德國轟炸機編隊展開協同攻擊，但他們的出現，牽制了部分執行自由獵殺任務的戰鬥機，讓其他的英國皇家空軍中隊能夠相對輕鬆地攔截入侵者。

正當德國空軍的掩護部隊與敵人交火之際，四個中隊（英國皇家空軍第66、第72與第229中隊和加拿大皇家空軍第1中隊）朝第53轟炸機聯隊的亨克爾發動攻擊。魯佩爾特．利（Rupert Leigh）少校率領第66中隊的九架噴火式對抗轟炸機，而兩批「織補者」（Weavers）則在頂空提供掩護，防範梅塞希密特的干擾。其中一名負責掩護的噴火式飛行員，鮑伯．奧克斯布林（Bob Oxspring）中尉回憶：「其他人展開攻擊的時候，我很擔心Bf 109會從上空襲來，所以我做了一次三百六十度迴旋，試圖避開可能的威脅。我爬到更高空，以免空戰開打時會處於不利之地，而且謹慎地維持速度……在爬升之際千萬別被敵人逮到，但如此糟糕的情況就是會常常發生。」

當奧克斯布林保持警戒的時候，利少校命令其他的噴火式前後排成一線，進行小幅度俯衝以加快速度，然後拉起機首，由正面與下方攻擊亨克爾轟炸機，那裡是他們防禦力量最薄弱之處。噴火式戰鬥機一一進入射程範圍，從近距離展開短暫掃射，再分散開來。奧克斯布林看見梅塞希密特仍漠不關心地飛行，便採取行動。他說：「德國戰鬥機似乎不打算干涉，所以我跟在其他

噴火式的後方，由下往上，背對著太陽，攻擊其中一架轟炸機。發射〇・三〇三吋的子彈無從得知是否有擊中敵機，除非見到火花或明顯的損壞。不過，這架亨克爾脫離了隊伍，於是我繼續追擊，快速向下俯衝，穿越轟炸機編隊……。」

接著，第72中隊的噴火式發動攻勢，後面跟隨著第229中隊和加拿大皇家空軍第1中隊的颶風式。其中一架德國轟炸機遭受致命的一擊，它起火燃燒，拖曳著長長的黑煙往下墜，但不清楚是誰打下的。這架亨克爾最後墜毀在伍爾威奇軍火庫的空地上，無人生還。另外，還有兩架受創的亨克爾脫離隊伍，被迫返航。

護航的梅塞希密特（由第3戰鬥機聯隊調來）堅決地反擊，迪特列夫・羅威爾（Detlev Rohwer）少尉宣稱在這起行動中摧毀一架颶風式。羅威爾的「受害者」或許是加拿大皇家空軍第1中隊的尤勒（Yuile）中尉，他日後回憶：「我們向亨克爾編隊進行俯衝攻擊。由於我太專注在轟炸機上，竟然忘了應該要留心後方與兩側。我沒有注意到一架梅塞希密特從後上方迅速衝過來，接著我感到某東西重重地錘打在我的肩膀上。一顆穿甲彈貫穿了駕駛艙的鋼板，擊傷我，讓我暫時失去知覺。當我迴轉的時候，德國人已經離開了。」尤勒中斷行動，並成功駕著損壞的戰鬥機返回諾索爾特（Northolt）基地。

在飛往目標途中，四架德國轟炸機被擊落，七架受創而被迫脫離隊伍返航。不過，五個轟炸機編隊仍順利抵達倫敦，然後針對碼頭區展開大轟炸。

當天下午，雲朵不斷地擴大，逐漸覆蓋了英國南部。此時，倫敦大部分地區都被密度十分之九的積雲與層積雲遮蔽，底部僅有二千呎（六百零九・六公尺）高，頂部則達一萬二千呎（三千六百五十七・六公尺）。純粹是運氣，德國轟炸機的指定目標全為雲層掩

1940年9月的空戰期間，第66中隊的巴迪（C. Bodie）少尉遭受一架Bf 109的正面攻擊。噴火式座艙罩的防彈玻璃擋下了子彈，巴迪毫髮未傷。

第26轟炸機聯隊的羅德里希．薩斯科提少尉忘不了9月15日下午，一架噴火式對他們編隊的大膽攻擊。

1940年9月15日，第603中隊的亞瑟．彼得．皮斯中尉駕著噴火式，向德國轟炸機發動果敢的攻擊之後，立刻遭擊落而喪生。

勇敢的防衛者

九月十五日下午，第26轟炸機聯隊的亨克爾在倫敦的威斯特罕地區投下炸彈後返航。當天，其他的德國轟炸機單位皆遭受重創，但到目前為止，第26轟炸機聯隊僅有一架損失。一些噴火式或颶風式企圖逼近轟炸機編隊，卻為護航的梅塞希密特驅逐。接著，來了一名十分堅決的飛行員，打算向轟炸機發動正面攻擊。第26轟炸機聯隊的亨克爾He 111飛行員，羅德里希．薩斯科提（Rodrich Cescotti）少尉描述：

「我看到一架噴火式急遽俯衝過我們的護航隊，然後拉平機身，迅速逼近轟炸機群。這架英國戰鬥機開火，曳光彈由正面至右翼射向我們。此時，一架素未謀面的梅塞希密特109出現在噴火式的後方，接著我看見子彈打穿了噴火式的機尾。不過，英國兵繼續發動攻擊，直接衝向我們，子彈掃進轟炸機的機身。由於擔心會誤擊梅塞希密特，我們沒有開火。我舉起左手臂遮掩臉部，以免被飛越駕駛艙的塑膠玻璃碎片割傷，而右手則一直緊握著操縱桿。除了塑膠玻璃碎片，我們與敵機之間已沒有任何屏障，它的八挺機槍口正對著我們的雙眼。就在最後一刻，噴火式突然拉起機鼻，非常貼近地從我們頭頂飛過。它翻滾了半圈，似乎失去控制，然後機尾冒出黑煙，急速向下墜落。那架梅塞希密特搖擺機翼，掃過我們，接著迂迴飛行，再去攻擊另一架敵機。整個行動僅僅持續幾十秒鐘，但足以讓我們見識到，英國兵是既堅決又無畏地為他們的國家奮戰。」

雖然薩斯科提的轟炸機受創，卻仍能夠維持隊形，並安全返回基地。那名噴火式飛行員幾乎可以確定是第603中隊的亞瑟．彼得．皮斯（Arthur Peter Pease）中尉，因為他被擊落的時間、地點與方式和薩斯科提的說辭相符。皮斯不幸陣亡，噴火式起火燃燒的時候，他尚在駕駛艙內，最後墜毀於梅德斯登東南方幾哩處。

亞瑟．彼得．皮斯為李察．皮斯爵士（Sir Richard Pease）之子，他在戰爭爆發，加入英國皇家空軍以前，就讀於伊頓（Eton）與劍橋大學（Cambridge University），一九四〇年六月被分發到第603中隊。皮斯於六月三十日擊落一架Bf 109戰鬥機，並與另一名隊友共同打下一架He 111轟炸機。九月七日，他的噴火式在作戰中受損，不得不迫降到宏恩卻奇附近。一個星期之後，即九月十五日，皮斯英勇地為國家捐軀。

蓋，僅有泰晤士河北邊的一小塊地放晴，即威斯特罕（West Ham）。兩個亨克爾編隊和其中一個都尼爾編隊重新調整航線，向該市投下炸彈，造成嚴重的破壞。

同時，第2轟炸機聯隊的兩個都尼爾編隊在雲層的干擾下，打算攻擊泰晤士河南邊的索利商業碼頭。不過，他們迴轉了半圈，並未投下炸彈，然後航向東方。這個時候，三個先前對抗護航機的颶風式中隊，企圖強行突破梅塞希密特的封鎖。對英國飛行員來說，轟炸機U形迴轉是意外的驚喜，確信他們的出現嚇跑了想要奇襲倫敦的德國人。日後，英國皇家空軍的幾份作戰報告可以清楚說明這一點。

事實上，兩個都尼爾編隊皆順利抵達英國首都，而且途中僅損失一架轟炸機，只要找得到指定目標，就能予以重創。都尼爾返航之際，零散地於幾個地區釋放炸彈。倫敦南部的潘吉、貝克斯利（Bexley）、克雷福德（Crayford）、達特福德與奧爾平頓（Orpington）都有災情傳出。

那些脫離隊伍的德國轟炸機選擇以肯利上空的雲層作為掩護，與獵殺他們的英國戰鬥機玩起致命的捉迷藏遊戲。第2轟炸機聯隊的赫布爾特．米歇利斯（Herburt Michaelis）少尉駕著他的都尼爾，僅仰賴一具引擎飛往基地。該機從一團雲層裡現身，立刻被第

「我很慶幸沒有著火，並安全降落……」

一名英國皇家空軍的噴火式飛行員在寫給雙親的信件中，敘述一九四〇年九月三十日的行動期間，儘管他的戰鬥機嚴重受創，卻仍安然降落：

「當某人透過無線電大喊：『梅塞希密特』的時候，整個中隊就散開來，準備戰鬥。事實上，那只是虛驚一場，但無所謂，我已經打算展開行動。轟炸機是我的目標，所以我飛到梅塞希密特110下方進行刺探，從右側攻擊德國轟炸機（約四十至五十架亨克爾）。

我猛按扳機約三秒鐘——砰！慘了！整個世界好像都在翻轉。我將操縱桿用力向前推，進入垂直俯衝狀態，直到衝出雲層底部才拉起機首。我檢查一下周遭的狀況，首要麻煩是汽油噴進整個駕駛艙，幾加侖的汽油浸溼了我的雙腿，宛如一座小汽油湖。我感到膝蓋與腿部有些刺痛，彷彿趴在蕁麻床上。擋風玻璃前有一個彈孔，一顆子彈貫穿它並打在儀表板上，將啟動鈕擊毀。另一顆子彈，我想是高爆彈，也打掉了操縱桿前方的其中一個油閥，小碎片灑在我的腿上，而且有一大塊東西撞破了底座旁油箱的後壁。我顯然闖入亨克爾轟炸機的交叉火網內。

我全速返航，希望在油料耗盡之前抵達。航空站距離約十五哩（二十四公里），褲子上沾滿汽油，又有起火的危險，真是令人膽戰心驚。距離航空站五哩（八公里）的時候，儀表板開始冒煙，我心想隨時都會爆炸，因此關閉了引擎。煙未再竄出，我朝目標滑翔，並放下起落架。其中一個輪子順利降下，但另一個卡住了。我試圖升起降下的輪子，卻又收不回來，只好以一個輪子降落。由於航空站尚有一些距離，我再次發動引擎，不過飛了一會兒又開始冒煙，所以我趕緊關掉。幸好，我已經夠逼近航空站，於是準備按照一般程序降落。飛機順利著陸，輪子輕觸到地面，不利的氣流慢慢減緩下來，我得以穩住飛機一陣子。接著，未放下輪子的那一個機翼尖端便與地面磨擦，我緊握煞車，飛機開始在地上迴轉。最後，我滑出跑道，卻成功以一個輪子、一個翼尖與一個尾輪停了下來。非常幸運地，輪胎並沒有爆裂，除了子彈造成的損壞之外，僅有一個機翼的尖端磨損，而且很容易修復。

我跳出飛機，然後到軍醫那裡，取出一堆刺入雙腿與手腕的金屬小碎片。我很慶幸沒有著火，並安全降落……。」

第152中隊，噴火式飛行員，艾瑞克．馬爾斯少尉

504中隊的約翰．桑普歐（John Sample）少校發現，他日後記載：「我追擊一架在雲層頂部飛行的都尼爾轟炸機……我總共向它開火四次。當都尼爾首度現身的時候——你知道嗎！雲朵就好像水面上載浮載沉的泡沫——我由左側射擊，然後游盪到右側，再轉向雲中的一個空洞。我希望德國轟炸機會再出現，將它擊落。」

桑普歐的其中一次攻擊打碎了都尼爾的機鼻玻璃，一顆子彈還貫穿米歇利斯的救生夾克，扯掉裝有黃色染劑（如果落海的話可標明其位置）的小口袋。細小的粉末到處飛揚，一些甚至吹進了德國飛行員的眼睛，讓他暫時看不見東西。米歇利斯命令他的組員跳傘逃生，自己也盲目地摸索逃生艙口，然後跟著其他人跳了出去。這架轟炸機最後墜毀在達特福德附近。

十五點二十五分，在第11聯隊的阿克斯布里治戰情室裡，牆上的「賽馬賭金看版」顯示譚密爾（Tangmere）防區第213中隊的颶風式已經重新加滿燃料和彈藥，狀態改為「就緒」，隨時可以出擊。帕克終於有一個後備力量能夠派用——儘管其戰力十分有限。英國皇家空軍的指揮官將他手上的籌碼全押下去，所有的颶風式與噴火式皆投入作戰。此刻，帕克的豪賭開始贏得成效。隨著其他中隊跟著回報「就緒」，危機也宣告解除。

雖然廣大雲層的遮蔽和「大隊」姍姍來遲，但整體而言，英國皇家空軍的戰鬥機管制官於當天下午的表現非常優異，可成為他人的典範。二十八個噴火式與颶風式中隊緊急升空應戰，每一個單位皆參與行動。能夠掌控、引導這麼多架飛機，勢必要有相當高超的能力。

九月十五日下午，德國空軍除了向倫敦發動大規模轟炸之外，還派第55轟炸機聯隊的He 111攻擊波特蘭的英國皇家海軍基地。第210作戰測試大隊

（Erprobungsgruppe）的一小批Bf 109與Bf 110戰鬥轟炸機亦試圖蹂躪伍爾斯頓（Woolston）的超級馬林飛機工廠，那裡就在南安普敦旁邊。不過，這兩起行動都沒有成功，軍事目標並未蒙受嚴重的破壞。

德國空軍於九月十五日的激烈戰鬥中，總共失去了五十八架戰機；英國皇家空軍戰鬥機指揮部則為三十一架。雖然德國的損失遠比防衛者當時所宣稱的一百八十五架還少，但十五日的空戰實際上已決定了不列顛之役的結果。九月十七日，希特勒下令登陸英國南部的「海獅行動」（Operation Sealion）延期，等待進一步通知。幾天後，原先在英吉利海峽沿岸集結的登陸艦與平底船也開始分散到其他港口。從那個時候起，隨著日子一天又一天地消逝，英國遭受直接入侵的威脅亦愈來愈低。

九月十八日，德國空軍的轟炸機又向英國首都發動不成功的白晝轟炸。接著，二十七日與二十八日，倫敦再次於白天遇襲。此外，該月下旬，德國空軍還針對布里斯托的「布里斯托飛機公司」（Bristol Aeroplane Company）工廠（二十五日）和南安普敦的超級馬林工廠（二十六日）進行毀滅性的攻擊。然而，德國雙引擎轟炸機的日間大轟炸時期已逐漸成為過去。九月十五日轟轟烈烈的行動結束以後，德國空軍最高司令部了解，他們不再掌握勝利。

不列顛之役的這個階段（九月七日至九月三十日），德國空軍的總損失為四百一十一架戰鬥機與轟炸機；而英國皇家空軍則有二百三十八架戰鬥機折翼，比率為一‧七比一，較上一階段（八月十三日至九月六日）略為增加。儘管防衛者在戰役初期的表現差強人意，倫敦的居民此刻亦遭受猛烈的打擊，可是英國人的士氣並沒有崩潰。英國皇家空軍戰鬥機指揮部向世人證明，他們面臨存亡危機的報告根本是言過其實。

德國雙引擎轟炸機針對英國的白晝攻擊已經失去意義，而且繼續打下去的話代價將會太過高昂。因此，德國空軍的任務轉為持續對英國施加壓力，並向其主要城市發動夜襲。長期進行疲勞轟炸，或許可以迫使英國人屈服。

「最嚴重且最不可原諒的過錯……」

「九月二十三日，我們的任務是到拉姆斯蓋特（Ramsgate）－坎特伯里－福克斯登三角地帶進行自由獵殺，據報英國戰鬥機在那裡活動。我和三名飛行員於十點二十七分起飛，航向拉姆蓋特，並緩慢爬升到四千五百公尺（約一萬五千呎）。當時的天候很不可思議，飛機能夠輕易躲在雲層裡。我一度發現幾個飛行小隊，但他們很快便消失不見，無從得知是英國或德國的飛機。真的十分詭異！

我們大幅度地迂迴飛行，持續改變高度，絕不直飛太久。經過一個小時之後，我認為差不多該返航了。突然間，我在拉姆斯蓋特與多佛一帶望見一個颶風式中隊，十二架戰鬥機分成四個『小編隊』（Pulk），逐一跟在後方飛行。颶風式就在我們下方一千公尺處，他們緩慢迂迴爬升，好像一條匍匐而行的小蟲。我意識到，這個颶風式中隊正在進行訓練任務。英國飛行員不曉得四架Bf 109於高空注視其一舉一動，彷彿老鷹盯著牠的獵物一樣。

如此美好的場面是多麼令人陶醉，所以我們完全忘記了周遭的事。這是一名戰鬥機飛行員最嚴重且最不可原諒的過錯，災難很快降臨。由於我們失去警覺，四架噴火式從太陽的方向衝過來，發動出其不意的攻擊。他們由後方近距離開火，然後從頭頂上呼嘯而過，消失在天空中。當我們散開以免再次遭受噴火式的襲擊之際，我看見右側一架友機起火墜落，那是克尼普斯海爾二級軍士長（Oberfeldwebel Knippsheer）的座機。我們再也沒有得到他的音訊。」

第54戰鬥機聯隊，梅塞希密特Bf 109飛行員，漢斯‧施莫勒爾－哈爾迪中尉

德國空軍的阿道夫·賈蘭德少校（左邊第三位）與第26戰鬥機聯隊的飛行員們坐在總部的指揮所外商討事宜，拍攝於1940年夏加萊附近的卡菲爾（Caffiers）。

賈蘭德的Bf 109E型戰鬥機。該機漆著第26戰鬥機聯隊的徽章，是隊長座機。

賈蘭德坐進他的梅塞希密特Bf 109戰鬥機。這位空戰王牌於1940年9月15日創下他的第三十三次空戰勝利。

空襲倫敦——戰機損失

在這段時期，每天晚上都有針對倫敦的大規模轟炸行動，而且其他城市亦不時遭受夜間空襲。

日期	德國空軍損失	英國皇家空軍損失	事件
9月7日	40架	21架	對倫敦碼頭區的單起猛攻
9月8日	14架	6架	對英國機場的多起攻擊
9月9日	25架	18架	天候欠佳，對倫敦的失敗攻擊
9月10日	4架	1架	空中行動不活躍
9月11日	24架	28架	對倫敦的單起攻擊
9月12日	4架	0架	空中行動不活躍
9月13日	4架	3架	空中行動不活躍
9月14日	10架	12架	對倫敦的單起攻擊
9月15日	56架	26架	對倫敦的兩起攻擊
9月16日	8架	1架	空中行動不活躍
9月17日	8架	6架	空中行動不活躍
9月18日	18架	13架	對倫敦的單起攻擊
9月19日	9架	0架	天候欠佳，空中行動不活躍
9月20日	9架	8架	天候欠佳，空中行動不活躍
9月21日	9架	0架	空中行動不活躍
9月22日	3架	1架	天候欠佳，空中行動不活躍
9月23日	14架	11架	戰鬥機對英國東南部的襲擾
9月24日	12架	4架	空中行動不活躍
9月25日	14架	3架	對布里斯托飛機工廠的單起攻擊
9月26日	7架	8架	對南安普敦超級馬林飛機工廠的單起攻擊
9月27日	55架	28架	對倫敦的單起攻擊
9月28日	10架	16架	對倫敦的多起攻擊
9月29日	8架	6架	空中行動不活躍
9月30日	46架	18架	對尤維爾（Yeovil）威斯特蘭（Westland）飛機工廠的單起攻擊
總數	411架	238架	

夜間閃電戰與英國人民的奮鬥

一九四〇年十月一日至十一月一日

「我有夜晚的黑斗篷，將我隱藏起來，躲避眾人雙眼的窺視。」——莎士比亞（Shakespeare），《羅密歐與茱麗葉》（*Romeo and Juliet*）

德國空軍於西元一九四〇年十月一開始即放棄白晝轟炸英國的行動，他們的轟炸機部隊幾乎完全局限在夜間空襲的任務上。然而，防衛者當前缺乏有效的反制措施，除非德國轟炸機為探照燈照明位置，並持續補捉住其身影長達半分鐘以上，否則英國高射砲兵根本無法向暗夜入侵者發動精確的砲擊。

儘管英國的高射砲有一些雷達的引導，可是數量太少，發揮不了多大的功用。況且，鋪砲I型（Gunlaying Mark I）雷達僅可作為總體預警系統，雖然能夠確切警告敵機來襲和提供距離資訊，但在判斷飛行方向時一般說來並不準確。另外，當時尚未有高度指示器，所以雷達無法提供敵機的高度資訊。因此，雷達在引導「盲目射擊」的時候，實際上一點用處都沒有。

正常的情況下，高射砲手會按兵不動而非浪費彈藥，但這不是正常的情況。英國「防空指揮部」（Anti-Aircraft Command）的指揮官，弗瑞德里克．派爾（Frederick Pile）將軍承受巨大的政治壓力，所以不得不下令施放彈幕，裝作正展開有效的反擊一樣，即使砲彈根本打不到夜間入侵者周圍。躲藏在防空洞裡的英國人民完全聽不出差別。因此，每當德國轟炸機飛越倫敦的夜空之際，派爾都會命令麾下的砲兵持續開火，無論是否掌握足夠的火力管控資訊。他日後寫道：「高射砲施放的大量砲彈，還有那些被報導為『彈幕』的反擊，實際上大部分是隨意亂射。然而，這產生兩個重要的效果：密集砲轟多少能夠嚇阻一些德國轟炸機的組員……亦可顯著提升人民的士氣。」

一九四〇年九月間，英國的高射砲兵於夜晚揮霍了二十五萬顆左右的砲彈，擊落的敵機數量卻不到十二架。絕大部分的砲彈皆在無邊無際的星空中引爆。

這個階段，英國皇家空軍戰鬥機於晚間的行動，效率並不比高射砲單位好到哪裡去。布倫亨式（Blenheim）為當時主要的夜間戰鬥機，配備雙引擎，能夠長時間進行巡邏，少數甚至裝置了早期型的機載攔截雷達（AI）。不過，早期機載雷達的掃瞄範圍十分有限，就算找得到目標，德國轟炸機還是容易脫逃。英國皇家空軍亦派單座的噴火式與颶風式執行夜間巡邏任務，儘管他們的速度飛快，能夠立刻追上敵機，可是其續航力太短，而且無法裝置雷達，因此在漆黑的天空中鮮少發現獵物。

不過，全被貶抑為夜間戰鬥機的挑戰式，此時發揮了一定程度的功用。雖然他們的續航力差，同樣未裝設雷達，但兩名成員代表有兩對眼睛可以搜索敵人，其速度也夠快，追得上任何被發現的德國轟炸機。另外，挑戰式配備旋轉砲塔，能夠從目標下方或側面發動奇襲。所以，它在當時可謂英國皇家空軍最有效率的夜間戰鬥機。

雙引擎的布里斯托標緻戰士式（Beaufighter）似乎是英國皇家空軍反制德國夜間空襲的利器，可是它才剛剛進入量產階段而已。該機的武裝非常強大，配備四門二十公釐加農砲與六挺〇．三〇三吋機槍，續航力也不錯。標緻戰士的性能出色，有些還裝設最新的IV型機載攔截雷達。英國盡快將這款新式戰鬥機投入服役，卻有許多初期問題尚待解決。當標緻戰士的數量足夠且能勝任夜戰角色之際，已經過了好幾個月，德國轟炸機的威脅亦大幅降低。

德國空軍的轟炸機在夜襲英國期間，機組員經常是由稱作「彎腿」（Knickebein）的無線電訊號來引導，高功率的發報站則廣設在法國、荷蘭、挪威與德國。該系統證明對夜間轟炸機的行動有極大的助益。飛行員依循電波訊號的指示航向目標，若聽到「摩斯」（Morse）電碼的短音即代表航線偏左；若為摩斯電碼的長音則為偏右。另外，轟炸機抵達投彈地點的時候，高功率發報站會發射第二道無線電波，如此一來，即使機組員看不見目標，亦能提高轟炸的準確度。

座落在什列斯威—霍斯坦（Schleswig-Holstein）史托堡（Stollberg）的「彎腿」無線電波發射站，其功用是引導德國夜間轟炸機航向英國的目標。巨大的天線陣列高100呎（30.5公尺），藉由軌道車來旋轉，其直徑為315呎（96公尺）。事實上，彎腿包含兩道重疊的電波，摩斯電碼的短音是一道，長音則為另一道。短音與長音兩道電波交錯在一起，即產生連續性的訊號。轟炸機的機組員按照訊號指示的航線飛行，抵達目標之際，無線電波發射站就會傳輸另一個投彈信號。透過設在法國、荷蘭與挪威的無線電波發射站，德國空軍的機組員便可聽從無線電訊號的引導，盲目飛向英國大型目標（如城市），發動準確的攻擊。

這些彩色照片中的梅塞希密特Bf 109E-1型戰鬥轟炸機皆隸屬於第53戰鬥機聯隊。1940年9—10月間，該單位的梅塞希密特主要扮演戰鬥轟炸機的角色，而且十分活躍。除非惡劣的天候妨礙作戰，他們每天都會出擊兩次以上，針對英國的大城市發動零星的轟炸。

第26轟炸機聯隊第1大隊的地勤人員，掀開蓋在一架He 111轟炸機引擎整流罩上的防水帆布，準備讓它發動夜襲。

德國空軍的地勤人員正在為一架第76轟炸機聯隊第9中隊的都尼爾Do 17Z型，進行發動機運轉檢測。注意機首下方的出入艙門並未收起。

1940年夏季晚間，德國地勤人員正轉開容克斯Ju 88轟炸機引擎的曲柄，以慣性發動螺旋槳。它的主翼樑下還掛載了四顆250公斤（550磅）高爆彈。

到了一九四〇年八月底，德國空軍設置了十二座彎腿電波發報站來引導轟炸機航向英國。可是就在同時，英國皇家空軍的情報部門也發現了這個機密。他們成立特殊的反制單位——第80大隊（No. 80 Wing），鎖定德國的電波頻率，發射干擾訊號。九月與十月間，第80大隊的干擾導致許多德國夜間轟炸機找不到目標。由於其他的反制措施相對沒有效率，第80大隊很快便成為英國防空體系的重要一環。

一九四〇年整個十月，除了幾架亨克爾He 111或都尼爾Do 17的少數幾起襲擾之外，針對英國的白晝攻擊任務絕大部分是由掛載炸彈的梅塞希密特Bf 109與Bf 110來執行。不過，戰鬥轟炸機的載彈量有限，Bf 109最多僅能承載二百五十公斤（五百五十磅）的炸彈，Bf 110則為一千公斤（二千二百磅）。他們空襲倫敦與其他目標的時候，一般是在一萬六千呎（四千八百七十六公尺）的高空投下炸彈。因為戰鬥轟炸機並未裝置合適的投彈瞄準器，所以精確度非常低。

相較於先前雙引擎轟炸機於白天進行大規模轟炸所造成的集中破壞，或是夜間轟炸機在晚上的大範圍濫炸，戰鬥轟炸機的襲擾效果幾乎是微不足道。然而

一架滿載炸彈的容克斯Ju 88轟炸機發動引擎，並向前滑行，準備展開夜襲英國的任務。

在政治上，英國人不容許敵機恣意妄為地向倫敦發動攻擊，於是英國皇家空軍戰鬥機指揮部被迫盡一切努力展開反制。不過，要攔截戰鬥轟炸機的零星空襲極其困難。梅塞希密特即使掛載沉重的炸彈，在二萬五千呎（七千六百二十公尺）以上的高空急速衝刺，很快就能抵達倫敦郊區。防衛者首次接獲敵機逼近的雷達警告之後，反應時間僅有短短的十七分鐘。可是，噴火式中隊從收到緊急升空命令至爬升到二萬五千呎的高空乃需要二十二分鐘左右（颶風式中隊則需多花三分鐘）。換句話說，英國皇家空軍的戰鬥機飛抵攔截地點之際，入侵者早就完成任務，離開了五至八分鐘。因此，戰鬥機指揮部的策略已不可行，無法繼續仰賴雷達的預警來作戰。若要在敵機投下炸彈前加以攔截，防衛的戰鬥機於第一次接獲雷達警告的時候，即必須在一萬呎（三千零四十八公尺）以上的空層徘徊。

為了反制新的威脅，英國皇家空軍第11聯隊不得不派颶風式或噴火式，於英國東南部持續進行巡邏。然而，每天都要派出好幾架次的戰鬥機，非常消耗資源，但他們別無選擇。英國皇家空軍的戰鬥機中隊通常是以輪流的方式，在一萬五千呎（四千五百七十二公尺）高的空層巡邏，那裡是飛行員無需戴上氧氣罩所能忍受的最大高度。當雷達發現德國戰鬥轟炸機來襲的時候，英國飛行員就會立刻收到無線電指示，爬升到攔截高度，與敵人交火。

十月十五日黎明至十六日清晨的行動可以說是這段時期的典型空戰。十五日上午，兩個分散的梅塞希密特編隊飛抵倫敦，並於廣大的區域投下炸彈。唯一嚴重的破壞是在滑鐵盧（Waterloo）車站，其中一顆炸彈摧

部署在英國海德公園（Hyde Park）的3.7吋（94公釐）高射砲正展開齊射。雖然不列顛之役期間，英國公開宣稱部署於倫敦附近的高射砲部隊，能夠有效打擊入侵的夜間轟炸機，但事實上，高射砲的隨意亂射造成不了多大的傷害，德國機組員也從未太過擔心。儘管如此，高射砲的猛轟在一項重要因素上發揮相當大的作用：迫使暗夜入侵者飛到10,000呎（3,048公尺）以上的高空進行轟炸，這會大幅降低準確性。另外，躲在避難所的倫敦居民聽見火砲射擊與砲彈爆炸的聲音，會以為反制有效而提升士氣。

挑戰式的勝利

「那是月光十分明亮的夜晚。突然間，有一個東西從我的眼角出現，由左邊穿越星空。如果你在晚上眺望眼前的景象，一般來説是完全沒有動靜的，所以任何會移動的物體都會吸引住你。這必定是另一架飛機。我叫弗瑞德（弗瑞德．蓋許中士為後座機槍射手）旋轉砲塔，我們兩個緊盯著那團黑影，同時向前逼近，很快就能看到其引擎排放出來的廢氣。黑影為一架雙引擎飛機，我飛到該機右下方，並排航行，然後慢慢靠近『它的腋下』，而弗瑞德則一直瞄準。不久，我們看出亨克爾獨特的機翼與機尾——絕對是德國轟炸機沒錯。因此，我小心翼翼地靠近到最佳開火位置，約在其翼端五十碼（四十五．七公尺）略下方。如此一來，弗瑞德便能調整他的機槍，向上約二十度角射擊。德國轟炸機的機組員顯然尚未發現我們，因為它仍繼續直線飛行。弗瑞德朝亨克爾的右舷引擎開火，雖然每六發子彈只有一發是曳光彈，但『王爾德』（de Wilde，指燒夷彈）於撞擊下引爆，讓我們知道打中了轟炸機。弗瑞德扣板機，重新瞄準，再扣板機，至少擊出兩或三輪子彈。德國人並沒有還擊——的確，我很懷疑他們能夠集中火力，掃射掩蔽在轟炸機主翼樑下的砲塔戰鬥機。亨克爾的引擎爆炸起火，它翻滾了半圈，便急速下墜，墜毀在布蘭特伍德（Brentwood）附近的田野上。我們後來得知有兩名德國機組員跳傘逃生，並淪為戰俘。」

第264中隊，挑戰式飛行員，戴斯蒙．休斯少尉

第264中隊的波頓．保羅挑戰式雙座戰鬥機正向前滑行，準備升空展開夜間巡邏任務。

毀了鐵道設施，使得列車無法通行。英國工人耗費好幾個小時才完成修復。

同樣於十五日，德國空軍還向英國南部的其他城市發動攻擊。在一連串零星的行動中，總共有七架Bf 109戰鬥機或戰鬥轟炸機被擊落，英國皇家空軍則損失十二架。從數目上來看，入侵者贏得了這一天的空戰，但如此散漫的襲擾，不會產生什麼決定性的結果。

十五日入夜之後，德國空軍再向倫敦發動一連串的轟炸，從二十點四十分開始，持續到翌日清晨四點四十分。當晚的月光十分皎潔，第2航空軍團總共派出四百架的轟炸機，由不同方向逼近英國首都。德國轟炸機是在一萬六千呎（四千八百七十六公尺）以上的高空飛行，機組員回報於倫敦上空遭遇猛烈的砲轟，砲彈大部分是在一萬三千呎（三千九百六十二公尺）至二萬呎（六千零九十六公尺）的空層引爆，而且東區與南區特別密集。

1940年9月25日清晨，英國消防人員正在托騰罕（Tottenham）的法院路（Court Road）上，努力撲滅昨晚德國空軍發動夜襲所產生的大火。遭炸彈直接命中的房舍幾乎被夷為平地。

一顆炸彈於1940年10月14日晚間掉落在巴爾罕公路（Balham High Road）上，引爆點距離地下鐵車站僅有100碼（91.4公尺）左右。它炸出了一個大坑洞，於照片中行進巴士的前方約25碼（22.86公尺）處炸開，司機喬治．希屈恩（George Hitchen）幸運逃過一劫。爆炸的衝擊讓他跌出駕駛座，滾到商店門口，只有割傷和瘀青。其他人則非常不幸，總共六十八人喪生，其中大部分正要躲進車站內。這顆炸彈還炸穿了北線（Northern Line）隧道的頂部，並造成嚴重淹水。英國工人花了三個月的時間才修復損壞，地鐵站亦得以繼續運作。

萊斯特廣場（Leicester Square）遭受炸彈蹂躪，拍攝於1940年10月17日早晨。炸彈就在英國汽車協會（Automobile Association）的總部前爆炸，停放於大門口的車輛被炸得面目全非，該協會的專家也肯定無法修復。

針對英國的閃電戰

熊熊燃燒的倫敦碼頭，濃煙直衝雲霄。

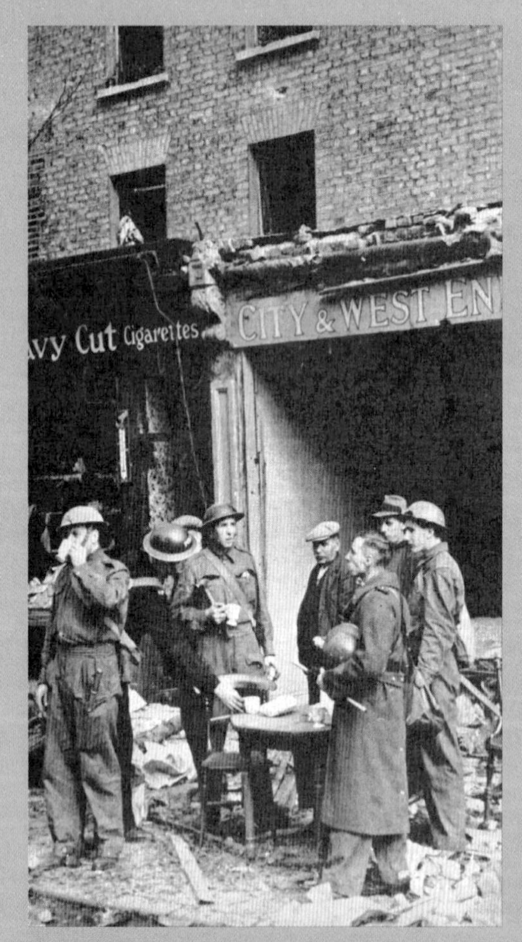

經過一整夜的搶救，英國消防人員放下手邊的工作，飲茶休息。

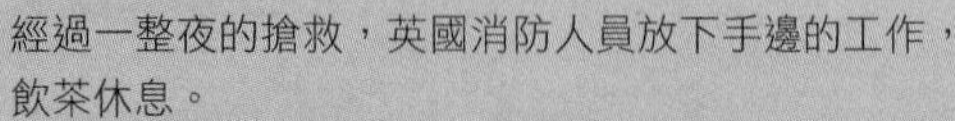

這座被烈焰吞噬的倫敦公寓，棟樑已被燒毀，使得整個牆面倒塌下來。

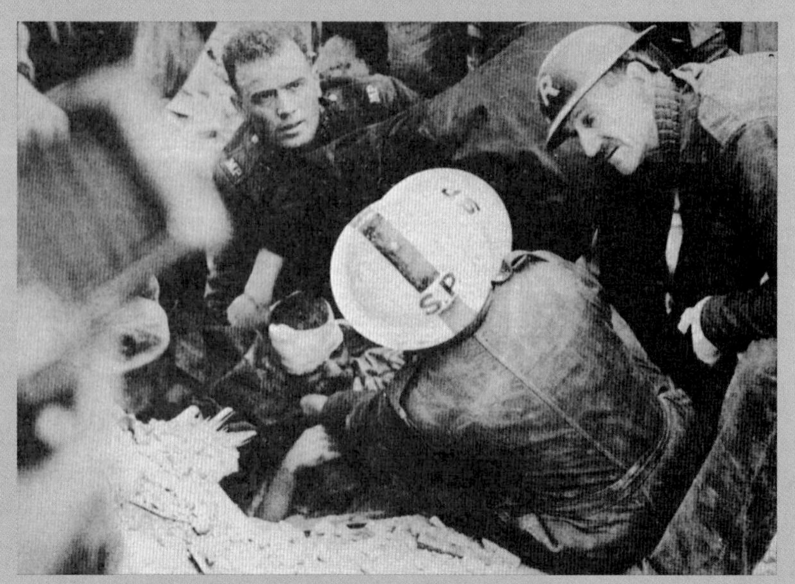

救難人員正試圖解救一名受困又受傷的倫敦居民。

火燒倫敦。消防人員趕緊滅火，他們的動作必須要快，因為明亮的火勢又會引來德國轟炸機的攻擊。

「倫敦承受得住！」消防員努力撲滅大火，英國人民的士氣並未因德國空軍的轟炸而崩潰。

英軍正在倫敦塔（Tower of London）上，升起一顆防空汽球。

人間煉獄之一

倫敦諾丁丘陵（Notting Hill）

「某天晚上，警報器發出一如往常的嗚叫聲，卻沒什麼事情發生，只有像石頭丟在屋頂上和一些瓦礫掉落的聲音。我們跑到前門，看見一顆燒夷彈引發熊熊大火，地毯也跟著燒了起來。羅蘭（Roland）趕緊衝上樓，取一桶沙子，那些沙是為了應付這樣的突發事件而保留的。我跑到廚房，拿一瓢洗滌用水來滅火。肥皂水很快便澆熄了燒夷彈，就像掐熄蠟燭一樣。

我們從門口看見，還有許多燒夷彈掉在四處。有些於路面上或地窖區引爆，但沒有造成任何破壞，其他的則砸在房舍上，甚至有一顆不偏不倚地掉進一輛汽車的後座，車頂開始起火。羅蘭把沙子倒向那輛車，期望火勢乖乖熄滅。我注意到燒夷彈約九吋（二十二．九公分）長，燒起來會產生白光。他們持續燃燒了三或四分鐘，最後只殘留下尾翼。

這個時候，一名受困婦女的小女兒站在門墊上歇斯底里地哭叫。羅蘭問她，媽媽被困在哪一個房間。小女孩一邊啜泣，一邊回答：『二樓，但她死了！哦！可憐的媽媽，她死了，我知道她死了！』

羅蘭遞給我一整桶水，自己留著消防用的手提式幫浦。我們浸溼手帕，綁在口鼻上，然後跪趴著爬上充滿煙霧的樓梯間。羅蘭以腳踹開臥室的門，房間內濃煙密布，但牆角有一點熾熱的紅光。我們緩緩爬向那裡，接著我打壓幫浦，他則朝紅光灑水。燒夷彈砸穿了屋頂與臥室的天花板，掉在床上。屋子裡的煙都來自燃燒的被褥與床單。這顆燒夷彈應該燒很久了，因為它已經完全燒盡。不久，火勢被撲滅。當煙霧消散之後，我們看到一個老女人躺在床上，她真的是死了。

一走出屋外，就有一個戴上白圍巾的矮小老人抓住我們的手，懇求到他的閣樓幫忙救火。我們迅速澆熄了閣樓的燒

還是得繼續過生活：遭受德國轟炸機空襲之後的倫敦街景。

夷彈，但老人又指向樓梯和一扇打開的天窗，說有更多的燒夷彈掉在屋頂上。不知怎麼搞的，我發現我竟然真的拿著幫浦，冒險沿著屋頂中央徐徐爬行，而羅蘭則提著水桶跟在後面。

從屋頂上，我們可以俯瞰街景。這是非常奇特的景象：在地平線上，到處都是白熱的火光，探照燈打向漆黑的夜空，高射砲無聲無息地開火，似乎火砲持續射擊的聲響與他們一點關係也沒有。在我們的頭頂上，砲彈像節慶煙火一般地炸開。不過，最引人注意的聲音是從下面的街道傳來。那是許多人跑進、跑出他們的房子時，一邊喧嚷的聲音。

我開始向卡在煙囪旁的燒夷彈灑水，卻又聽到更多的燒夷彈從天掉下來。一會兒，幾顆五十磅（二十二．七公斤）的小高爆彈沿著街道與房舍落下。晚間稍早的德國轟炸機只投下數百顆的燒夷彈，但這一群——經過幾個小時之後——帶來了會瞬間爆炸的高爆彈。他們是落在火勢最明亮且民眾最多的大街小巷。

爆炸引起極大的恐慌，人們跑回尚在燃燒中的房子或是地窖區，我則盡可能地蜷伏於瓦礫上尋求掩蔽。群眾的尖叫聲幾乎蓋過了爆炸的聲響。如雨下的炸彈攻擊僅持續了幾分鐘，但火勢完全被撲滅，傷患也被抬離的時候，太陽已經升起。我們與多年的鄰居坐在廚房裡喝著熱可可，彼此從未說過話，可是現在卻比手畫腳地，以最不像英國人談話的方式，高聲談論如何逃過這一劫。」

倫敦居民，彼得．艾斯托布（Peter Elstob）

倫敦聖保羅大教堂（St. Paul's Cathedral）周圍的幾棟房舍遭炸彈摧毀，景象是滿目瘡痍。

在白金漢宮前的道路上，英國工人正在填平高爆彈所炸出的大坑洞。

第76轟炸機聯隊的一名飛行員，君特．烏恩格爾（Günter Unger）參與了這起行動，他才剛晉升為上士。烏恩格爾與他的機組員出擊了兩次，一次是在十五日傍晚，另一次是於十六日天還未亮的時候，兩次任務的目標皆是碼頭區。烏恩格爾奉命盡可能地在目標附近徘徊，讓英國的高射砲兵疲於奔命。作戰簡報還要求他在倫敦上空繞圈子，每隔五分鐘左右投下一顆炸彈。為了向所謂的「倫敦彈幕」（London Barrage）表達不屑一顧之意，烏恩格爾兩次出擊都於目標上空盤旋了二十五分鐘。

當晚，英國皇家空軍總共有四十一架戰鬥機升空攔截入侵者，卻只有兩次接觸。一次是第23中隊布倫亨式夜間戰鬥機的機載雷達發現其中一架轟炸機，可是布倫亨的性能欠佳，始終未能趕到射程範圍內，所以追逐了許久，仍讓入侵者逃之夭夭。

另一次接觸則較成功。第264中隊的戴斯蒙．休斯（Desmond Hughes）少尉與弗瑞德．蓋許（Fred Gash）中士駕著他們的挑戰式雙座戰鬥機，目擊了一架第126轟炸機大隊（Kampfgruppe 126）的He 111，並將它摧毀。這是防衛者於當晚的唯一一次勝利。

十五日／十六日晚間的空襲對倫敦鐵道系統造成不小的破壞。聖潘可洛斯（St. Pancras）、馬里利本（Marylebone）、布洛德街（Broad Street）、滑鐵盧與維多利亞終點站皆暫時無法運作。另外，德國空軍的轟炸亦使得出入尤斯頓（Euston）、大砲街（Cannon Street）、查林十字路口（Charing Cross）與倫敦橋（London Bridge）車站的交通受阻。炸彈還意外在艦隊街（Fleet Street）的下水道打出一個大洞，污水淹沒了費林東街（Farringdon Street）與國王十字路口（King's Cross）車站的地下隧道。貝克頓（Beckton）的瓦斯廠、巴特希發電廠（Battersea Power Station）和英國廣播公司（BBC）位在波特蘭廣場（Portland Place）的總部都被擊中，而且三條主要供水管斷裂，住宅區同樣遭受程度不一的破壞。倫敦當晚就有九百起火災，其中六起的火勢達到英國官方定義的「大火」，九起則為「嚴重失火」。

人間煉獄之二

「大家都說燒夷彈很危險，睡覺最安全的地方是在一樓，所以我們把兩張單人床搬下去，給兩個最大的兒子睡，自己則睡樓上。我先生總是待在民防救難隊（ARP）那裡值勤。我與兩個大兒子睡在床上，其他四個年幼的孩子則睡在院子的小防空洞內。

凌晨三點左右，一顆汽油彈擊中了我們的房子，我卻沒有聽到聲音。不久，一顆高爆彈於附近炸開，把我驚醒。我滾下床，跌在地板上。當我下樓的時候，整個房子已經燒了起來，到處都是可怕的黑油，而且迅速燃燒。我十八歲的兒子躺在床上，動彈不得。炸彈砸穿天花板之際，他的腳肯定受了傷。他試圖起身，但從頭到腳卻著了火，另一個兒子則睡在房間裡，沒有動靜。我和鄰居想辦法把他弄下床，可是他的皮膚脫落，黏在我們的手上。他並沒有喊叫，只搖搖頭，好像要對我說：『救妳自己！』我們朝他身上倒了一桶水，但水澆不熄油引發的火，所以我們又倒了一桶沙子，撲滅部分的火勢。

救護車趕來，醫護人員把我們載到醫院。我一路上不斷呻吟，還聽見護士說：『讓她進來！讓她進來！』我的踝骨斷了，手臂與手掌也燒傷。當時我穿著睡袍，只套上大衣，他們必須剪開衣物才能治療。我傷得不輕，而且受到極大的驚嚇。即使護士給我幾條毛氈和幾瓶熱水，我還是不停地顫抖。

我沒有再見到我最大的兒子，他於第二天早晨逝世，醫護人員說是死於休克。我在醫院待了一個星期才准離開。我十六歲的兒子也嚴重燒傷，他於醫院躺了三個星期，然後拄著拐杖出院。躲在小防空洞的孩童們全都平安無事。我想回家，但已經沒有家了。房子被燒毀，傢具也付之一炬。我們只好搬到姊夫家住。

自此之後，我便相當畏懼火災。一聽到大火燒起，就會不寒而慄。」

卡夏爾頓（Carshalton）居民，E. M.夫人

流離失所的人

「我在電影院過夜。裡面被六盞大燈照亮，但每到晚上十一點，其中四盞燈就會關掉，另兩盞燈則徹夜通明。消防員與護士整晚都在巡邏，護士為孩童裹好毛毯，給他們水或牛奶等等。每一個家庭皆擠在一小塊地上，好像是他們的專屬領域。有些占著樓下正廳的樂隊席，還拉起前面的布廉來保持一點隱私，大多數的家庭則睡在走廊上和觀眾席之間……。

所有人都發配了毛毯與草墊。大家將草墊攤開在地板上，並把他們的私有物（大部分是換洗衣服）放置於座位附近。睡覺的時候，男人脱掉大衣，女人脱掉工作服，躺了下來，走廊頓時變得十分擁擠，幾乎很難翻身。在觀眾席，或許每個人平均占了十個座位，四處還有小嬰兒躺在娃娃車內。除了嬰兒的哭聲之外，夜裡相當寧靜。然而，幾乎每一位母親都有一個小孩，只要有一個哭，其他三或四個小孩也會跟著哭。好好安眠十分鐘以上似乎不太可能。」

摘錄自《大眾觀察報告》（*Mass Observation Survey*）

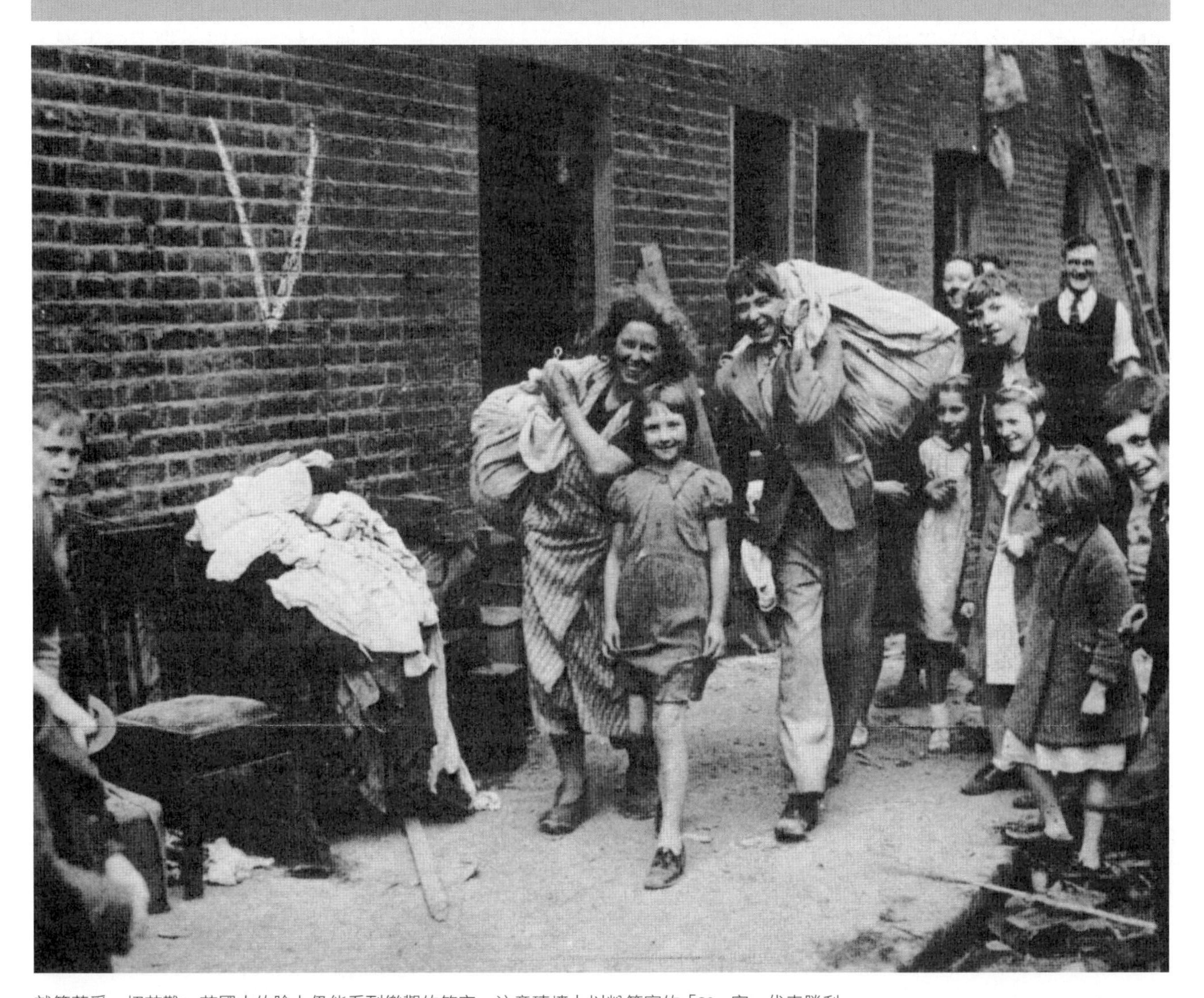

就算蒙受一切苦難，英國人的臉上仍能看到樂觀的笑容。注意磚牆上以粉筆寫的「V」字，代表勝利。

不少英國南部的居民，將他們的孩童送往遠離德國空軍威脅的北部鄉下地區。

雖然倫敦為德國空軍轟炸機的主要目標，卻非唯一目標。第100轟炸機大隊的二十架He 111攻擊了伯明罕；第606轟炸機大隊的八架都尼爾則空襲布里斯托。此外，炸彈還零星地落在紹森德（Southend）、溫莎（Windsor）、朴茨茅斯、尤維爾（Yeovil）、南安普敦、伯恩茅斯（Bournemouth）、普利茅斯（Plymouth）、唐布里治威爾斯（Tunbridge Wells）、哈斯丁（Hastings）、萊蓋特（Reigate）與伊斯特伯恩（Eastbourne）。

整個十月，德國空軍針對英國的白晝與夜間空襲，即以這樣的模式持續進行。不過該月間，有十二天因秋季的惡劣天候妨礙作戰，導致轟炸行動中斷。

十月二十五日晚上，情況有新的變化——剛抵達前線的義大利空軍突然派出十六架飛雅特（Fiat）Br 20型轟炸機，從比利時基地起飛，襲擊哈威奇（Harwich）港。然而，歐洲北部不穩定的天候為新加入戰局的義大利空軍帶來意想不到的問題。一架轟炸機於升空之際即失事墜毀，還有兩架在返航途中因油料不足，機組員被迫跳傘逃生。他們的攻擊並未造成多大的破壞。

四天之後，義大利空軍再向英國發動空襲，但這次是於白天出動。十五架Br 20型轟炸機在二十九日於七十三架CR 42型雙翼戰鬥機的護航下，攻擊拉姆斯蓋特（Ramsgate）。入侵者沒有遭遇英國戰鬥機的攔截，可是幾架轟炸機為高射砲打傷，他們依然未造成重大破壞。

根據英國官方的報導，不列顛之役的日間行動於一九四〇年十月三十一日告一段落。不過，空戰仍持續到十一月，只是激烈的程度不斷降低。

若有任何一起行動可以代表這個階段末期的情況，十一月一日早晨的事件或許為最好的例子。太陽剛升起沒多久，第253與第605中隊的颶風式戰鬥機於七點三十五分起飛，航向梅德斯登一帶執行定期巡邏任務。接著，第41與第603中隊的噴火式也升空，飛往洛奇福

英國救難隊與大火搏鬥了一整晚之後，消防水管就像巨大的義大利麵條，散置於倫敦的街道上。

挑釁：兩名英國巡守隊員坐在牆角的沙包陣地前閱讀，打發時間。陣地上面還掛著「國王萬歲」的標語，他們似乎對德軍可能的大規模入侵不屑一顧。

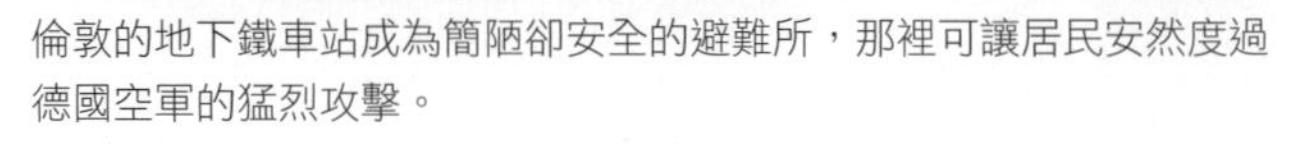

倫敦的地下鐵車站成為簡陋卻安全的避難所，那裡可讓居民安然度過德國空軍的猛烈攻擊。

英國消防員正在勘察倫敦的一處火場，並著手清理散落一地的木板。

一名英國飛行員的故事

英國皇家空軍第234中隊的噴火式飛行員，艾倫·斯圖亞特·哈克中士。

英國皇家空軍第234中隊的艾倫·斯圖亞特·哈克（Alan Stuart Harker）中士儘管在一九四〇年夏宣稱擊落八架敵機，卻相對不被人注意。哈克於一九一六年七月十六日在蘭開郡（Lancashire）的波爾頓（Bolton）出生，於一九三七年十月加入「英國皇家空軍志願預備隊」（Royal Air Force Volunteer Reserve, RAFVR）接受飛行訓練。他在一九三八年三月十二日駕駛一架德·哈維蘭虎蛾式（de Havilland Tiger Moth）雙翼機，首次獨自飛行，但僅僅持續了五分鐘。哈克日後於航空日誌記載：「唷！要放下心來談何容易。」

一九三九年九月一日，哈克被正式徵召入伍，並於十二日來到希羅普郡（Shropshire）特恩丘陵（Ternhill）的第10飛行訓練中隊（10 FTS），操縱艾夫洛安森式（Avro Anson）雙引擎飛機。他的訓練結束之後，在一九三九年十一月五日發配到新成立的第234中隊，基地位於亨伯（Humber）附近的萊康菲爾德（Leconfield）。這個戰鬥機中隊配備布倫亨式、戰鬥式（Battle）與鐵手套式（Gauntlet），原本的主要任務是保護英吉利海峽上的船舶。一開始，哈克駕駛布里斯托布倫亨式，不過一九四〇年三月，第234中隊開始換裝性能優越的超級馬林噴火式，而且到了五月即可投入作戰。

八月十日，哈克完成一起任務準備降落到康瓦爾郡（Cornwall）的聖伊瓦爾（St. Eval）機場之際，竟然忘了降下起落架。儘管他聽見塔台人員透過無線電耳機大吼，要他立刻放下輪子，卻因太過疲憊而未做任何反應。結果，哈克的P9468號噴火式受到二級損壞，他亦被中隊指揮官嚴厲斥責。

第234中隊於八月十四日調往中瓦洛普機場，那裡是戰況最激烈的區域之一。當天下午，該機場便不斷遭受He 111與Ju 88轟炸機的輪番攻擊。翌日，第234中隊，還有第43中隊的颶風式奉命航向波特蘭，攔截一批Ju 87斯圖卡。這批俯衝轟炸機有幾架Bf 110和六十架Bf 109戰鬥機的護航。正當第43中隊和Ju 87與Bf 110交鋒之際，第234中隊也和Bf 109爆發纏鬥。不過，一個中隊的噴火式難以抵擋梅塞希密特，對手在數量上占有壓倒性的優勢。因此，他們損失了三架，哈克中士亦慶幸自己能夠存活下來。這起空戰讓哈克學到有用的教訓，他在十六日遭三架黃鼻子的Bf 109戰鬥機追擊的時候，立刻警覺謹慎為上策，決定迅速躲進雲裡。十五日與十六日的空戰還有一個耐人尋味的插曲，即第234中隊收到德國偽造的無線電訊息，命令他們「水平降落」（Pancake）。

哈克中士於八月十八日創下首次勝利，當時Ju 87正大規模空襲果斯波特、福特與托爾尼島的機場。英國皇家空軍的其他三個中隊前往攔截斯圖卡之際，第234中隊則和第27戰鬥機聯隊第1與第2大隊的Bf 109護航機交火。這起空戰中，至少有十六架Ju 87被擊落，第27戰鬥機聯隊也有六架Bf 109折翼，其中兩架為哈克中士打下，果登（Gordon）少尉可以證明。

九月四日，第234中隊於譚密爾一帶巡邏的時候，接收到無線電命令，要他們航向東方，攔截入侵者。第234中隊遇上第76驅逐機聯隊第3大隊的Bf 110，經過一場激戰後，幾位噴火式飛行員都聲稱摧毀了德國的驅逐機。哈克亦打下一架，他看見該機墜毀在布萊頓（Brighton）附近。航空日誌記載，當天第234中隊於德國的防禦網中擊落了十五架敵

哈克中士坐在他的噴火式戰鬥機上留影，該機機身的字母「AZ-N」為第234中隊的編號。這張照片可能拍攝於1940年8/9月的聖伊瓦爾基地。

機。然而事實上，這起空戰期間，德國空軍Bf 110的總損失不超過十七架，其中與第234中隊對決的第76驅逐機聯隊第3大隊也只有六架折翼。何況，那裡尚有其他中隊的颶風式與噴火式在作戰。

六日，哈克又宣稱摧毀兩架Bf 109戰鬥機，他們墜落到伊斯特伯恩附近，還有另兩架受創。哈克的擊殺報告為奧布萊恩（J. S. O' Brien）少校證實，他亦自稱打下兩架Bf 109。翌日的空戰對第234中隊比較不利，可是哈克仍擊落兩架敵機，並打傷一架。該中隊最厲害的飛行員羅伯特．多（Robert Doe）少尉確認其戰果，他是不列顛之役期間，擊殺紀錄累積到十架以上的十七名英國皇家空軍飛行員之一。然而，第234中隊失去了兩名菁英，包括中隊長奧布萊恩少校。值得一提的是，哈克於這一天的航空日誌上出現一段奇怪的記載，指稱他攻擊了一架「由德國人駕駛的颶風式，它正在追擊多少尉」。

哈克中士於九月二十二日宣布創下另一次勝利。那天的天氣陰暗，還起了霧。德國空軍第121大隊第4（長程偵察）中隊派出一架Ju 88執行氣象偵察任務。哈克將該機擊落，而且看著它起火，墜毀在地角（Land's End）東南方二十五哩（四十．二公里）的海上。雖然哈克的航空日誌指出沒有生還者，但事實上，德國機組員坐在救生艇上漂泊了十個小時後，被一艘拖網漁船救起。

十月十五日，哈克又打傷了一架Ju 88轟炸機。他在同月二十二日獲頒卓越飛行獎章（Distinguished Flying Medal, DFM），並於一九四一年三月升任軍官。

一九四一年四月一日，哈克到沃姆威爾（Warmwell）基地的時候，為一架發動低空攻擊的He 111轟炸機炸傷了手臂。五月十九日，他在距離威茅斯（Weymouth）不遠的空域執行護航任務時遭擊落，並迫降到沃姆威爾機場附近。

一九四一年八月四日，哈克被派往位在蘭勞（Llanlow）的第53作戰訓練單位（53 OTU）擔任小隊長。接著，自一九四二年六月二十七日起，他又到薩頓橋（Sutton Bridge）的「中央砲術學校」（Central Gunnery School）當教練，然後於一九四三年十二月調至蘭貝德（Llanbedr），協助成立「火箭投射學校」（Rocket Projectile School）。

一九四四年七月五日，哈克再被分發到義大利，於一個機動雷達單位擔任摩托運輸軍官（Motor Transport Officer）。不久，又先後在一個美國解放者式（Liberator）中隊和一個波蘭中隊當作戰官（Operation Officer），都是負責空投補給行動。一九四五年十一月，哈克以英國皇家空軍上尉的身分退役，回歸平民生活。戰後，他成為一名熱力工程師，於一九九六年八月六日去世。

這張照片據信拍攝於1940年10月，哈克中士所乘坐的噴火式原來的名字已被塗掉，改成「奈洛爾」（NELLORE）。奈洛爾為印度東南部的一座城市，它對製造噴火式的財源有很大的貢獻。大概就是拍攝這張照片的時候，哈克中士獲頒卓越飛行獎章，以表揚他在不列顛之役期間立下的功勞。該機擋風玻璃側面下方的八個納粹標誌，說明哈克摧毀了八架敵機。他於1941年3月升任軍官。

一名夜間轟炸機飛行員的回憶

「我對夜間作戰沒有什麼特別的記憶，因為每次都是例行任務，就像開公車一樣。倫敦的高射砲上演精彩的煙火秀——在晚上，砲彈炸開宛如豌豆湯裡的泡泡冒出來。不過，我們的飛機很少被擊中，砲彈碎片即從未打在我的亨克爾上。我的機組員也鮮少於黑暗中遇見英國戰鬥機，而且他們似乎從來沒有發現我們，所以不曾遭受攻擊。返航的時候，無線電操作員經常會轉到音樂節目，為單調的旅程解解悶。」

第100轟炸機大隊，亨克爾He 111飛行員，霍斯特・葛茲（Horst Götz）下士

燃燒的倫敦。這張照片如同德國空軍執行夜戰任務的機組員之所見。

霍斯特・葛茲下士與他的He 111轟炸機。

一名夜間戰鬥機飛行員的回憶

「執行夜間攔截任務看似簡單——戰鬥機的機組員只要追擊探照燈發現的目標即可——但事實上並非如此。就算入侵者是在月光明亮的夜晚來襲（這個時候的夜晚，月光通常很明亮），探照燈的光線也打不到一萬呎（三千零四十八公尺）以上的高度；就算探照燈碰巧照到敵人的轟炸機，太遠仍舊看不清楚。況且，戰鬥機的飛行員必須剛好在他們的下方，才能隱約辨識出底部輪廓；如果飛行員在上方，則完全看不見（因為光害）。另外，假如有薄霧或雲的話，探照燈的光芒還會被分散，所以照出的物體非常模糊，即使兩座或多座探照燈持續捕捉住目標亦是如此。」

第600中隊，布倫亨式夜間戰鬥機飛行員，迪克・海納（Dick Haine）少尉

「我心想死期到了，命運就是這麼不公平……」

鮑伯．奧克斯布林上尉在不列顛之役期間，於第66中隊旗下操縱噴火式作戰。他敘述一起令他永生難忘的行動：

「一九四〇年十月二十五日，不列顛之役已經接近尾聲，儘管我們當時還不知道是否如此。我是第66中隊非常資淺的上尉，基地位在格雷夫森德（Gravesend）。當天，吃完早餐後沒多久，我們緊急起飛應戰。我奉命率領我的小隊到梅德斯登，於三萬呎（九千一百四十四公尺）的高空巡邏。德國空軍的戰鬥機和戰鬥轟炸機正發動間歇性的攻擊，他們是首要的攔截目標。然而，當我們飛抵梅德斯登的時候，並沒有遇見入侵者，卻收到地面的無線電訊息，要求在上空盤旋，等候進一步的指示。

將近半個小時之後，『惡棍』終於出現：六架梅塞希密特Bf 109。就這麼一次，我們掌握完美的優勢，不但背對著太陽，又在敵機上方二千呎（六百零九．六公尺），數量亦正好相等。不列顛之役期間的狀況經常是我們處於下風。

我叫每位飛行員各挑一架德國戰鬥機，然後發動攻擊。不過，德國人很遠就發現我們。我看著目標——領頭的戰鬥機——突然向側邊翻滾，急速俯衝下去。我料到對手會採取這一步，於是趕緊追擊，幾乎垂直地俯衝，緩慢卻穩健地追上它。

我緊盯目標，完全沒有注意到後方，況且我還叫每位飛行員各挑一架梅塞希密特戰鬥機。哎，當你面對尷尬場面的時候，往往也只有硬著頭皮繼續幹下去！我逼近它，正準備開火之際，我的噴火式卻因一連串的爆炸而震動。事實上，這六架梅塞希密特正在掩護第七架於下方幾千呎處的誘餌。他們打算痛擊任何想要摧毀誘餌的敵機。這架領頭的德國戰鬥機把我帶到誘餌前方，當我掠過它的時候，即開火射擊。

那架誘餌肯定打中了升降控制系統，因為我的噴火式開始不受掌控地向上急速迴旋。迴旋產生的G力非常強大，我被緊緊地壓在座位上，眼前一片漆黑。當我轉而向下之時，G力減緩，我回復視覺。然而，飛機的升降舵似乎卡住了，又要進行第二次迴旋。顯然地，我必須立刻跳傘逃生。我企圖打開座艙罩，但這不是簡單的事，唯有G力的影響消失後，才有辦法伸出手來，將它推開。不過，飛機速度太快，座艙罩根本是動也不動。我心想死期到了，命運就是這麼不公平——我差一點在空中打爆那架梅塞希密特！

我不曉得是如何推開座艙罩的，亦不清楚噴火式總共翻了幾圈，但應該過一陣子，因為油箱開始起火，火焰從引擎向後竄燒。我解開安全帶，可是站不起來，才赫然發現頭盔尚未脫掉，它與座位牢繫在一起。我當前的處境十分危急，管不了那麼多，於是使勁扭斷頭盔的繫帶。後來，我找到頭盔的殘骸，看見我實際上是把它扯壞。我很驚訝我居然有如此大的力氣。

接下來，我只記得我以四十五度角，頭與背朝下地跳出飛機。由於不知道身處的高度，我立刻拉下D環，打開降落傘，但很快就發現鑄成大錯。

降落傘張開之際，我的姿勢非常不妥。我像一名好奇的旁觀者，上下顛倒地看著傘體，而且傘線都集束在雙腿間，其中一條還纏住我的腳。所以當降落傘完全打開的時候，我是頭下腳上地吊著墜落。我沒有跳過傘，亦未受過完整的訓練，可是十分確信絕非頭先著地。因此，我彎起腰來抓住幾條傘線，讓纏住腳的那條傘線鬆脫。經過一連串又踢又拉之後，終於解開腳上的傘線。我嘆了一口氣，如釋重負，能夠以正確的姿勢降落了。

此刻，我有時間觀察周遭的情況。首先令我感到訝異的是，四周鴉雀無聲。唯一的聲音來自上空加農砲與機槍連續射擊的聲響，還有引擎運轉的呼嘯聲。激烈的戰鬥仍在進行，但我總覺得剛剛已經過了一整年的時間。不過，我的麻煩尚未結束。

漸漸地，我才明白，支撐身體的傘線並非正常地從頭部兩側伸展出去，而是糾纏在一起。隨著風的吹動，他們擦痛了我的耳朵和臉。更上面一點，傘線也彼此糾纏，使得降落傘未能徹底張開，這代表我的下降速度將會過快。不管我再怎麼努力，都是徒勞無功。我穿過一朵雲的時候，降落傘便颼颼作響。著陸肯定會出事情！

我不斷下降，已能夠辨識出農舍與樹木，還有那些好奇向天空仰望的人的臉。距離地面大約五百呎（一百五十二．四公尺）之時，一陣風將我吹向高壓電線。雖然高壓電線仍有幾百呎遠，但我依然直覺地抬起腳來。我下降的速度太快，當務之急是找一顆柔軟的小樹，減輕著地時的衝擊。我一直緊張地祈禱，所幸飄向一片小樹林。

我撞進小樹林之前，以手遮住臉部，接著便聽到折斷的小樹支霹靂啪啦作響。當聲音停下來後，我小心翼翼地放下手臂，環顧四周。降落傘掛在幾顆樹幹之間，而且我像溜溜球一樣地上下彈跳，距離柏油路面尚有二十呎（六．〇九公尺）高。

與我同高的地方有一個小樹支，可是我抓不到，所以我像小說裡的泰山（Tarzan），來回擺盪，設法抓住它。我非常謹慎地撐起身體，爬向更粗的樹支，然後解開傘帶。此時，下面圍觀的民眾愈來愈多。一開始，還有些人懷疑我的國籍，但我以強烈的盎格魯—薩克遜（Anglo-Saxon）口音要求協助，他們立刻了解我是英國人。一些本土防衛隊（Home Guard）的隊員甚至彼此站在肩膀上，以肉身搭成梯子。由於他們的熱情協助，我得以回到地面上。這真是永恆難忘的一天。」

第66中隊，噴火式飛行員，鮑伯．奧克斯布林上尉

第310中隊的捷克飛行員

不列顛之役期間，總共有八十八名捷克斯洛伐克籍的志願飛行員在英國皇家空軍旗下服役。起初，他們被分配到一般的中隊裡，可是後來，英國皇家空軍戰鬥機指揮部成立了兩個特別中隊，幾乎全是由捷克人組成。其中一個為第310中隊，於一九四〇年七月十日在杜克斯福德編成，八月十八日即可投入作戰。該單位於八月二十六日執行首次任務，並宣稱擊落三架敵機，卻也損失三架颶風式，但捷克飛行員無人傷亡。第310中隊的識別代號為「NN」，而且一直延用到一九四六年，捷克籍人員返國為止。

英國皇家空軍第310中隊的捷克飛行員，波烏米爾·福爾斯特中士和他的颶風式戰鬥機。

波烏米爾·福爾斯特（Bohumir Furst）即為第310中隊的其中一名捷克飛行員。他在祖國於一九三九年三月遭德國併吞之前，服役於捷克空軍。福爾斯特先逃往法國，法蘭西之役開打時為法國空軍（Armée de l' Air）效勞，還與隊友共同擊落一架亨舍爾（Henschel）Hs 126型偵察機，或許亦摧毀一架都尼爾Do 17型轟炸機。法國淪陷以後，福爾斯特又逃到英國。一九四〇年八月，他加入新成立的第310中隊。不列顛之役期間，福爾斯特中士宣稱擊落一架梅塞希密特Bf 109型戰鬥機與一架亨克爾He 111型轟炸機，不久便升任軍官，還獲頒捷克軍功十字勳章（Czech Military Cross）。一九四六年，他以上尉的軍階離開英國皇家空軍，返回捷克。

英國空軍婦女輔助隊（Women' s Auxiliary Air Force, WAAF）的女製圖員們，在比根山的戰情室外留影。

第303中隊的約瑟夫·法蘭提塞克中士

約瑟夫·法蘭提塞克（Josef Frantisek）中士於一九三八年，德國占領捷克斯洛伐克西部的蘇臺德地區（Sudetenland）之後，離開他的祖國，定居波蘭，並加入波蘭空軍。一九三九年九月的波蘭之役期間，法蘭提塞克據信擊落過幾架德國飛機。後來，他又逃往羅馬尼亞接受戰時拘留。然而，法蘭提塞克繼續逃亡，由巴爾幹半島至敘利亞（Syria），再到法國，但法蘭西之役旋即爆發。他加入法國空軍，並摧毀十一架敵機，因而獲頒法國戰功十字勳章（Croix de Guerre）。

法國淪陷後，法蘭提塞克逃到英國，成為第303中隊的一員。該單位是在一九四〇年七月，由撤離法國的波蘭飛行員組成，配備颶風式戰鬥機，而且很快就能投入作戰。九月二日，法蘭提塞克宣稱於不列顛之役中創下首次勝利，擊落一架Bf 109。接著，他又陸續打下更多敵機，有時候一天摧毀兩架，甚至在九月十一日擊落兩架Bf 109和一架He 111。不包括先前的擊殺紀錄，法蘭提塞克於不列顛之役期間便締造十七次確認的勝利（六架轟炸機，兩架Bf 110與九架Bf 109），而成為英國皇家空軍最厲害的飛行員。況且，他是在不到一個月的時間創下如此佳績，使其成就更加非凡。九月三十日，法蘭提塞克打下最後一架Bf 109，英國國王喬治六世（George VI）不久亦親自頒給他卓越飛行獎章。

和幾位航空界的名人一樣，法蘭提塞克並非在空戰中喪生，而是死於一起意外。他在一九四〇年十月二十日駕駛颶風式執行例行性巡邏的時候，於索利郡的艾威爾（Ewell）附近墜毀，原因至今不明。諷刺的是，三天之後，第303中隊即調往戰事較沉寂的第12聯隊防區。法蘭提塞克身後追授了波蘭的五等軍功勳章（Virtuti Militari）與英勇十字勳章（Krzyz Walecznych）和捷克軍功十字勳章。

這架第303中隊的颶風式機身，漆著該單位的隊徽，它摹繪自波蘭空軍。粉筆所寫的數字「126」代表第303中隊當時擊落的敵機總數。

第303（波蘭）中隊的颶風式飛行員，約瑟夫·法蘭提塞克中士。他是捷克人，不列顛之役期間為英國皇家空軍旗下最了不起的飛行員之一。

夜間閃電戰和「打了就跑」的攻擊——戰機損失

這段時期的每天晚上，除了10月6日惡劣的天候妨礙作戰行動之外，德國空軍皆向倫敦發動大規模空襲。有幾個夜晚，其他的英國大城亦遭受轟炸。

日期	德國空軍損失	英國皇家空軍損失	事件
10月1日	5架	6架	戰鬥轟炸機對英國南部的多起攻擊
10月2日	15架	1架	戰鬥機對英國南部的襲擾
10月3日	7架	1架	天候欠佳，空中行動不活躍
10月4日	12架	1架	天候欠佳，空中行動不活躍
10月5日	12架	5架	戰鬥轟炸機對倫敦的單起攻擊
10月6日	5架	2架	天候欠佳，空中行動不活躍
10月7日	20架	15架	對尤維爾的單起攻擊
10月8日	12架	3架	戰鬥轟炸機對倫敦的單起攻擊
10月9日	8架	2架	戰鬥轟炸機對倫敦的單起攻擊
10月10日	5架	6架	戰鬥轟炸機對倫敦的單起攻擊
10月11日	7架	9架	戰鬥轟炸機對英國東南部的多起攻擊
10月12日	12架	9架	戰鬥轟炸機對英國東南部的多起攻擊
10月13日	4架	2架	戰鬥轟炸機對英國東南部的多起攻擊
10月14日	3架	1架	空中行動不活躍
10月15日	8架	12架	戰鬥轟炸機對倫敦的單起攻擊
10月16日	12架	1架	天候欠佳，空中行動不活躍
10月17日	11架	4架	戰鬥轟炸機對倫敦的單起攻擊
10月18日	14架	4架	天候欠佳，空中行動不活躍
10月19日	2架	0架	天候欠佳，空中行動不活躍
10月20日	12架	5架	戰鬥轟炸機對倫敦的單起攻擊
10月21日	5架	0架	天候欠佳，空中行動不活躍
10月22日	10架	6架	天候欠佳，空中行動不活躍
10月23日	4架	0架	天候欠佳，空中行動不活躍
10月24日	6架	1架	天候欠佳，空中行動不活躍
10月25日	20架	12架	戰鬥轟炸機對英國東南部的多起攻擊

10月26日	10架	6架	戰鬥轟炸機對英國東南部的多起攻擊
10月27日	14架	12架	戰鬥轟炸機對英國東南部的多起攻擊
10月28日	7架	1架	對英國護航船隊的多起攻擊
10月29日	22架	9架	德國戰鬥轟炸機空襲倫敦，義大利轟炸機空襲拉姆斯蓋特
10月30日	7架	7架	天候欠佳，空中行動不活躍
10月31日	2架	0架	天候欠佳，空中行動不活躍
11月1日	4架	9架	戰鬥轟炸機對英國東南部的多起攻擊，對英國護航船隊的單起攻擊
總數	297架	152架	

德（Rochford）進行巡邏。不到八點的時候，英國雷達發現敵機離開法國北部布隆涅（Boulogne）附近的海岸，入侵部隊的戰力估計為九架以上，但沒有任何高度資訊（這通常表示入侵者的飛行高度太高或太低，超出本土鏈雷達站的測量能力）。

八點五分，約十架高飛的Bf 109戰鬥轟炸機在一些同型戰鬥機的護航下，越過了多佛海岸。入侵者滲透到希廷伯恩（Sittingbourne）地區，投下炸彈，然後迅速撤離，以免遭遇攔截。十五分鐘之後，類似的德國戰鬥轟炸機編隊同樣於梅塞希密特的護衛下，飛越英國海岸，航向坎特伯里。第605中隊的十一架颶風式在法弗斯罕（Faversham）附近與梅塞希密特狹路相逢，並爆發一起激烈空戰。唯一被擊落的是英國中隊長亞契·麥克凱勒（Archie Mckellar）少校的颶風式，他當場陣亡。

接下來，戰火平息了一會兒，幾個英國皇家空軍的戰鬥機中隊升空接替巡邏任務。十點十五分，第92中隊的四架噴火式前往攔截一架於肯特高飛的入侵者。五分鐘之後，噴火式的飛行員在多佛上空，約二萬九千呎（八千八百三十九公尺）的高度目擊敵機。那是一架正在進行偵察的梅塞希密特Bf 110。兩架噴火式迅速逼近開火，英國飛行員回報擊中目標，而且看到該機引擎的冷卻系統不斷冒出乙二醇，朝英吉利海峽墜落。最後，這架梅塞希密特成功迫降到加萊附近，兩名機組員負傷。

到了十一點，第229與第615中隊的颶風式飛往梅德斯登巡邏。不久，約三十五架Bf 109分為兩個編隊越過多佛海岸。第253與第501中隊的颶風式緊急升空支援，四個中隊在雷達的引導下企圖攔截入侵者。然而，沒有任何一架颶風式和敵機接觸。

半個小時後，輪到第74與第92中隊的噴火式前往梅德斯登執行巡邏任務。他們遇上幾架梅塞希密特，並且短暫交火，但雙方皆無損失。

十一月一日早晨的空戰就這麼結束了。對英國皇家空軍戰鬥機指揮部的飛行員來說，似乎感到失望。他們花了如此多的時間於空中巡邏或在地面上待命，卻沒有什麼機會與敵人交鋒。

從十月一日至十一月一日，德國空軍總共失去了二百九十七架各式戰機，英國皇家空軍則有一百五十二架颶風式與噴火式折翼，比率為一·九比一。防衛者大占上風，表現較前幾個階段出色，儘管空戰的密集程度大幅降低。

不列顛之役期間，雙方的衝突是從七月至八月初的幾個星期裡逐漸加劇，而英國南部的白晝轟炸行動則是從十月至十一月初逐漸平息下來。不過，德國空軍針對英國城市的大轟炸（絕大部分為夜間空襲）將持續進行到一九四一年春，最後於五月完全結束。到了那個時候，德國空軍的主力單位皆調往德國東部和波蘭，準備向蘇聯發動史上最大規模的侵略。希特勒將他的戰爭機器投入東線永無止境的消耗戰中，英國人的家園遭受毀滅性攻擊的威脅也才宣告解除。

總結

「此刻，英國非常需要一場勝利。」——約翰．傑維斯（Sir John Jervis）上將，聖文生角之役（Battle of Cape St. Vincent），一七九七年

西元一九四〇年九月十七日，希特勒承認不列顛之役的挫敗。他下令入侵英國南部的計畫無限期延後，等待進一步通知。接下來幾個星期，集結於英吉利海峽的德國軍艦與登陸艇開始撤走，再也沒有回來。

二次大戰期間有三大戰役，標示著戰爭初期階段或盟軍防守階段的結束：即西線的不列顛之役；在東線戰場，蘇聯成功擋下德軍攻勢的莫斯科之役；及太平洋上，日本海軍於幾個小時內損失四艘航空母艦的中途島之役（Battle of Midway）。

這三大戰役中，盟軍皆是在蒙受一連串的慘敗後，孤注一擲地阻止敵人繼續挺進，獲得喘息空間，重建軍事力量，再發動反擊而贏得的勝利。不列顛之役乃這三場決定性戰役的開端，可以說是最關鍵的，因為若盟軍失敗，其他兩場就可能不會發生，或是其結果將會有很大的不同。一九四〇年夏季與秋季在英國南部的大空戰，具有相當重要的歷史意義。

不列顛之役是從一九四〇年七月十日展開，持續打到同年十一月一日——儘管這段時期以前和戰役宣告結束後仍有數起空戰爆發。期間，德國空軍總共失去了一千五百九十八架各式戰機，不是被摧毀，即為無法修復；而英國皇家空軍則有九百零二架戰鬥機折翼。整場戰役雙方的損失比率平均為一．八比一，防衛者占了上風。

德國空軍顯然輸掉了不列顛之役，但他們是否有可能打贏？戰役期間，德國空軍的主要任務是消滅英國皇家空軍戰鬥機指揮部，奪取制空權。有四個方法可以達成目標：在空中擊落戰鬥機；轟炸機場，摧毀其設施和尚未起飛的航空器；破壞戰鬥機管制系統，包括雷達站與管制中心；及夷平生產戰鬥機的工廠。

德國人的策略是派有嚴密護航的轟炸機部隊，空襲英國南部的目標。他們成功迫使敵方的戰鬥機中隊升空應戰，消磨其力量。然而，在接下來的空戰中，德國空軍無法持續掌握一定程度的制空權，或是讓防衛者蒙受承擔不起的損失。

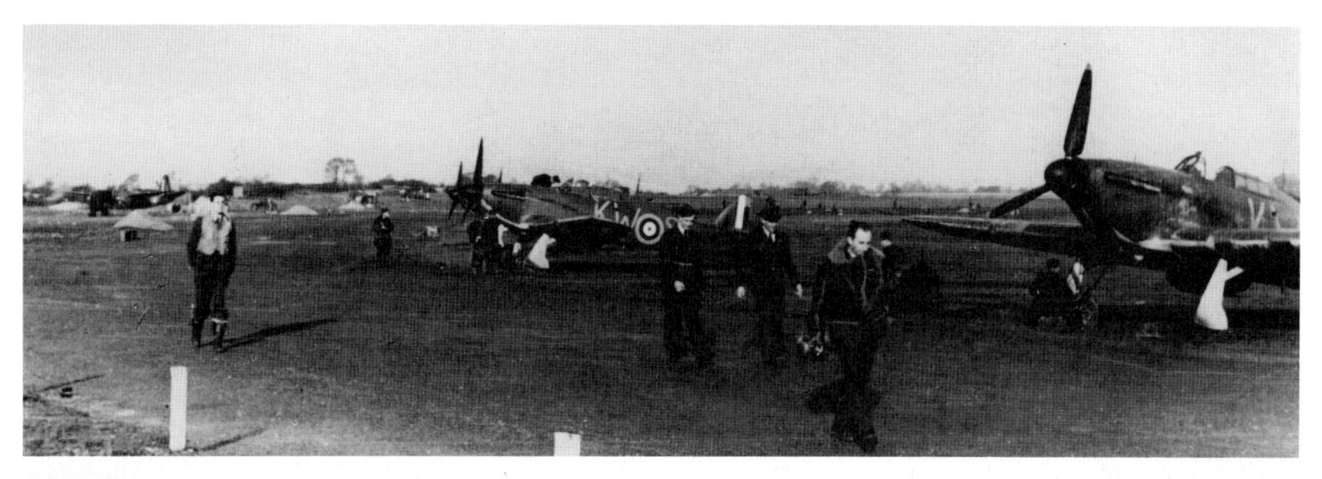

第615中隊的颶風式飛行員完成任務返航，拍攝於1940年10月的諾索爾特基地。不列顛之役的這個階段，德國空軍業已放棄空襲戰鬥機指揮部機場的行動，因此沒有必要分散戰鬥機，以免遭受攻擊。

第54戰鬥機聯隊第7中隊的阿諾．齊姆爾曼（Arno Zimmermann）下士於1940年10月27日，與第605中隊的颶風式進行激烈纏鬥戰之後，他的Bf 109E-1型戰鬥機引擎被擊中，最後迫降在肯特郡利德（Lydd）附近的砂礫海灘上。

隨著夏季轉變為秋季，德國空軍與英國皇家空軍絕大部分的任務都是在晚上或是惡劣天候下進行，所以雙方皆有為數眾多的戰機發生飛行意外。這架第504中隊的颶風式即一頭栽進鬆軟的土地，拍攝於1940年10月的費爾頓（Filton）。

「極」在不列顛之役期間扮演的角色

英國布萊奇利公園（Bletchley Park）情報專家破解的「極」（Ultra）電碼公諸於世後，外界難免會質疑，英國皇家空軍戰鬥機指揮部在不列顛之役期間，因「極」的情報而得利。不過，作者仔細搜查檔案且徹底做訪察，並未發現有力的證據可以支持此一論點。在一九四〇年夏，「極」確實提供了不少關於德國空軍的情報，但他們通常不完整，對戰鬥機指揮部亦少有立即性的幫助。

德國空軍在不列顛之役中，機密訊息大部分是透過安全的野戰電話線來傳送，而非無線電，英國監聽站不可能截獲這些訊息。所以在一九四〇年，英國情報部門讀取到的破解電文十分有限。何況，破解電文的內容經常太含糊，幾乎沒有利用價值。例如，八月九日至十三日間，英國讀取到關於「鷹日」作戰的幾份解碼文件，可是當時，無論布萊奇利公園的專家或英國皇家空軍情報部門的人員都不知道這個代號的意義，只能猜測是即將展開的重要行動。直到作戰開打之後，他們才恍然大悟，「鷹日」指的是德國空軍向英國南部機場進行一連串大規模轟炸的起始日。

「極」情報還有其他問題，使得英國皇家空軍的指揮官難以下決策。雖然解碼人員偶爾能夠提供德國空軍攻擊個別目標的時間與兵力等資訊，但德國人經常將目標做歸類編號，例如肯利機場為第10118號目標，諾索爾特則是第10160號目標。英國皇家空軍情報部門唯有經過一段時間之後，才能比對出這些序號究竟指的是哪一座機場，而在不列顛之役期間，大多數尚未比對出來。

另外，德國空軍往往於最後一刻才因天氣預報或其他因素改變計畫，布萊奇利公園無從得知。例如，在九月十四日，解碼人員發現，德國空軍將對倫敦發動大規模空襲，並列下參與作戰的單位。不過，先前的解碼電文卻指出，攻擊行動預定於九月十三日下午進行，卻沒有什麼事情發生。空襲最後在十五日展開，英國皇家空軍並未從「極」情報中獲得進一步的警告。

因此，不列顛之役期間，英國皇家空軍戰鬥機指揮部無法仰賴「極」的情報來作戰，最可靠的預警系統仍是部署於英國南岸的雷達。

德國空軍針對英國戰鬥機基地的猛烈轟炸亦未獲得成效。雖然首當其衝的第11聯隊的主要機場，譚密爾、肯利、比根山、宏恩卻奇與北威爾德皆遭受重創，但經過幾個小時的搶修，全都可以繼續運作。德國的一般用途炸彈不太可能於鋪設草皮的跑道上，炸出難以填補的大坑洞。況且，英國機場的草坪上沒有明顯的跑道，只要有七百碼（六百四十公尺）長的無障礙空間，戰鬥機即可順利起降。無論如何，坑洞能夠迅速以廢輪胎與碎石填平，每一座機場又有組織完善的專業維修單位。不列顛之役期間，戰鬥機指揮部僅有一座機場數十個小時仍無法運作，即曼斯頓，但它也不是什麼至關重要的基地。

針對機場的攻擊未能摧毀大量尚停留在地面上的英國戰鬥機，造成決定性的影響——各戰鬥機中隊的妥善率很高，所以敵人來襲之前，大部分都已經起飛，淨空基地。從八月十三日至九月六日，只要天候許可，英國南部的機場幾乎是每天遇襲。然而，前線單位的英國戰鬥機於地面上被摧毀的數量總共不到二十架。

有些評論家指出，若德國空軍持續轟炸英國南岸雷達站的話，這些關鍵的防禦設施很可能會失去作用。如此一來，英國皇家空軍戰鬥機指揮部的中隊就無法及時升空，攔截入侵者或避開空襲。不過，雷達站是非常難以命中的定點目標，何況受損的雷達塔亦能迅速修復。另外，戰鬥機指揮部還配備機動備用系統，可立刻填補雷達防禦網的缺口。雖然幾座英國雷達站遭受攻擊而損壞，但只有一座（懷特島的文特諾）超過數小時仍無法運作。

最後，為了降低英國皇家空軍戰鬥機指揮部的復元能力，德國空軍亦針對製造飛機引擎與機身的工廠，發動大規模轟炸。超級馬林噴火式的生產線集中在南安普敦附近的伍爾斯頓、伊欽（Itchen）與伊斯特利（Eastleigh）；而鄰近伯明罕的布隆威奇堡（Castle Bromwich）新工廠的生產線也開始運轉。霍克颶風式主要在索利郡的蘭利（Langley）、布洛克蘭斯（Brooklands）與金斯頓（Kingston）和格勞斯特郡（Gloucestershire）的布洛克沃斯（Brockworth）量產。戰鬥機的隼式引擎則是於德比（Derby）、克爾烏（Crewe）與格拉斯哥（Glasgow）的勞斯—萊斯工廠製造。此外，英國各地還有二十幾間次承包工廠，在生產戰鬥機的引擎或零組件。

毫無疑問地，德國空軍可以繼續向戰鬥機工廠進行更猛烈的轟炸，尤其是南安普敦一帶和索利郡，那裡皆在梅塞希密特的航程範圍內。然而，伍爾斯頓與伊欽工廠被炸毀之後，英國人只花了幾個星期將噴火式的製造機具移往鄰近地區，很快便能恢復量產。藉由分散工廠的方法，幾乎就不必再擔心德國空軍的轟炸。

由此可見，德國空軍對英國皇家空軍戰鬥機指揮部的一連串打擊，從未嚴重弱化其戰力。不列顛之役期間，戰鬥機指揮部擁有五十個中隊，總共一千多架戰鬥機，而且每日的妥善率平均達到七百二十架。儘管有時候確實發生戰力短缺的窘境，可是兵工廠的量產與維修人員的修復速度跟得上英國皇家空軍的損失。因此，到了一九四〇年十月初，英國戰鬥機的數量尚能維持八月初時的水準。

英國飛行員的傷亡才是較嚴峻的問題，但德國空軍同樣深受其害。在大規模的空襲行動中，英國皇家空軍每失去一名飛行員，德國空軍就有五名以上的機組員陣亡、負傷或淪為戰俘。不列顛之役期間，戰鬥機指揮部與德國空軍參與作戰的人員比率也接近一比五。換句話說，在總體比例上，雙方訓練有素的機組員損失相當。若德國空軍執意要消滅戰鬥機指揮部的話，亦有可能會自取滅亡。

若英國皇家空軍保持他們的領導素質、訓練水準、裝備性能與高昂的士氣；若英國兵工廠持續量產或修復足夠數量的戰鬥機；若英國人民於空襲下仍能泰然面對；還有，或許是最重要的，若英國首相邱吉爾號召全國奮力抵抗，德國空軍就無法打贏不列顛之役。即使「少數人」也不會懷疑。

第32中隊的飛行員們於待命期間坐在草坪上放鬆心情聊天，拍攝於比根山基地。照片後方為一架編號GZ-V的颶風式戰鬥機，而左邊第四位是英國著名的空戰王牌，彼得．馬蘭（Peter Malam）。

軍事連線 MOOK12

英倫大空戰

Battle of Britain: A Summer of Reckoning

作　　者：艾弗瑞德・普萊斯（Alfred Price）著
翻　　譯：張德輝
責任編輯：苗龍、李政峰
出　　版：風格司藝術創作坊
發　　行：軍事連線雜誌
地址：106 台北市大安區安居街 118 巷 17 號
Tel：（02）8732-0530　Fax：（02）8732-0531
總 經 銷：紅螞蟻圖書有限公司
Tel：（02）2795-3656 Fax：（02）2795-4100
地址：台北市內湖區舊宗路二段121巷19號
http://www.e-redant.com
出版日期：2016 年 04 月　第一版第一刷
訂　　價：280 元

國家圖書館出版品預行編目（CIP）資料

英倫大空戰 / 艾弗瑞德・普萊斯（Alfred Price）著；張德輝譯--
臺北市：胡桃木文化，2016.04
面；　公分--（軍事連線）
譯自：Battle of Britain : a summer of reckoning
ISBN 978-986-6874-43-7（平裝）

1.第二次世界大戰 2.空戰史

712.845　　103014651

ISBN 978-986-6874-43-7　　Printed inTaiwan

新鮮人必懂、
資深上班族也不能忽略！

《錢伯斯亞太指南》評鑑
勞工法領域「**首選律師**」現身說**法**

國際通商法律事務所所長
黃瑞明
國際通商法律事務所主持律師
陳玲玉
專文推薦

上班不囧

職場必備法律常識

馬靜如◎著

30件勞資案例
王牌律師生動說故事

30位重量級人資主管或
法務專家實務分享！

從上班第一天到退休，報到、加班、請假、簽同意書？性騷擾！組織工會、退休金、發明專利歸屬……勞工如何自保、資方如何管理！無論小蝦米或大鯨魚，勞方、資方都必須掌握的職場法律力！

貓頭鷹